Chrétien
Qui es-tu ?

W0389639

Dialogues avec Théophile

Ce parcours a été réalisé sous la responsabilité du
Service de la Catéchèse de Paris

en collaboration avec :
Monseigneur Jacques PERRIER, évêque de Chartres
Catherine BROUET, ancienne responsable d'aumônerie (Enseignement public – Paris)
Sylvie CANDÈS, responsable éditoriale – Coopérative de l'Enseignement Religieux de Paris
Dominique CLÉNET, responsable d'aumônerie (Enseignement public – Paris)
Marie-Françoise GEORGES-PICOT, responsable du Service de la Catéchèse de Paris
Catherine POIDATZ, responsable de la catéchèse en collège catholique (Boulogne)
Christine SÉGUI, ancienne responsable d'aumônerie (Enseignement public – Paris)

Illustrations : Odile HERRENSCHMIDT

Archevêché de Paris, secrétariat de l'Imprimatur.
Ce document est conforme aux normes fixées par la Conférence
épiscopale française et approuvées par le Saint-Siège ("Texte de référence").
Nihil obstat : Paris, le 23 avril 1995, M. Dupuy
Imprimatur : Paris, le 24 avril 1995, M. Vidal, v.é.

Collège 2

LE SÉNEVÉ/CERP
10, rue Mercœur -75011 Paris

SOMMAIRE

Je sais en qui je crois

Plus loin que l'espoir, l'espérance

L'amour ne passera jamais

DOSSIERS

Aux dernières vacances, tes parents ont reçu pour quelques jours des amis qui habitent à l'autre bout de la France. Ils leur ont fait visiter la région. Avec eux, ils ont pris le temps de se promener, d'entrer dans l'église du XIIIe siècle qui est à un quart d'heure de chez vous (ils avaient entendu dire qu'elle était très belle, mais ils n'avaient pas eu le temps de vérifier), de monter sur un point haut pour profiter du panorama, peut-être d'aller au restaurant, d'assister à un son et lumière ou à un concert en plein air. Ils ont découvert des richesses qu'ils ne soupçonnaient pas.

Tu as peut-être vécu quelque chose de semblable avec un correspondant étranger ou une cousine venue passer une semaine chez toi. Tu as cherché à lui faire découvrir le lieu où tu vis et tu t'es aperçu que ta région ou ta ville était plus belle que tu ne le pensais. Même les banlieues les plus tristes ne sont pas loin d'une forêt ou d'une rivière, d'un stade super-moderne, d'une piscine olympique ou d'un parc de loisirs.

Dans la vie habituelle, nous ne remarquons plus rien : nous passons toujours aux mêmes endroits, nous prenons les mêmes bus, nous faisons nos courses dans les mêmes magasins ou au même supermarché, nous voyons toujours les mêmes personnes. Il faut que quelqu'un ou quelque chose d'inhabituel nous oblige à sortir des sentiers battus : nous découvrons alors, sous un jour nouveau, notre lieu familier. Nous pensions le connaître mais nous n'y faisions plus attention.

Théophile, il en sera de même pour toi, cette année, si tu veux bien servir de guide à Nicodème. Mais qui est Nicodème ?

Suivez le guide !

Nicodème est un personnage de l'Évangile. Nous le voyons une fois venir de nuit pour mieux connaître Jésus (Jn 3,2). Il est simultanément intéressé et prudent. Il n'est pas mal intentionné : il voudrait comprendre mais il a de la peine à croire. Plus tard, Nicodème se montrera courageux : il n'abandonnera pas Jésus au moment des difficultés. Il demandera qu'au moins Jésus puisse se défendre devant ceux qui l'accusent (Jn 7, 51). Quand Jésus sera mis au tombeau, Nicodème apportera cent livres de parfum pour l'embaumer.

Nicodème représente ici tous les jeunes, garçons et filles, qui s'intéressent à Jésus, qui se posent des questions à son sujet mais qui ne savent pas bien s'ils sont chrétiens ou non. Peut-être Nicodème n'est-il jamais venu au catéchisme les années précédentes. Peut-être n'est-il pas baptisé. Mais il est désireux de savoir : qu'il soit ici le bienvenu.

D'autres Nicodème sont des anciens du catéchisme. Ils y sont allés jusqu'à la « communion ». Depuis, le travail, le foot et la danse l'ont emporté sur leur désir de continuer. Mais ils auraient toujours des questions à poser si du moins quelqu'un voulait bien les écouter.

Nicodème, c'est aussi nous tous, qui sommes toujours flottants et indécis, attirés par le Christ mais aussi « lents à croire » que l'étaient les disciples d'Emmaüs.

Et Théophile ? Nous avons fait sa connaissance l'an dernier et il enquêtait sur Jésus en s'appuyant sur l'Évangile que saint Luc avait écrit pour lui. Théophile a fait sa profession de foi l'an dernier ou la prépare pour cette année, il doit donc pouvoir dialoguer avec Nicodème sur la question : « *Chrétien, qui es-tu ?* » En servant de guide à Nicodème, Théophile lui-même redécouvrira sa propre foi : le regard neuf de Nicodème l'aidera à renouveler son propre regard.

Notre recherche de cette année s'appuiera sur un dialogue d'équipe entre les Théophile et les Nicodème : comme dans un rallye, tous peuvent contribuer au succès. Sans oublier l'animateur ou l'animatrice.

Pour escalader une montagne,
l'alpiniste choisit entre plusieurs voies.

Pour visiter une ville ou une région, plusieurs points de départ sont possibles. De même ici. Nous suivrons successivement trois « itinéraires ». Voici leurs titres :

• Je sais en qui je crois • Plus loin que l'espoir, l'espérance • L'amour ne passera jamais

Chaque itinéraire comportera plusieurs « sections ». Nous prendrons plusieurs semaines pour parcourir chacune des sections. Chaque semaine, nous arriverons à un nouveau « point de vue ».

Et maintenant, suivez le guide !

1 Je sais en qui je crois

« Je sais en qui je crois »

Ce titre peut paraître bien prétentieux où même carrément faux. Car on n'apprend pas Dieu comme on apprend l'histoire ou les maths.

Ce titre vient de saint Paul, quelqu'un qui nous accompagnera sur le deuxième itinéraire de cette année. Il serait bon que nous puissions parler comme lui : « Je sais en qui j'ai mis ma confiance » (II Tm 1,12).

Les deux-tiers des Français se disent catholiques. Mais, quand ils sont interrogés sur la foi, leurs réponses sont floues et contradictoires. Ils ne seraient pas d'un grand secours pour Nicodème si celui-ci leur demandait : « parlez-moi de Dieu, celui en qui vous croyez ».

Théophile trouve que le premier itinéraire à parcourir avec Nicodème n'est pas le plus commode. Mais, après tout, il vaut mieux ne pas attendre pour s'attaquer aux choses sérieuses.

D'abord, acheter une carte

Un bon guide dispose d'une carte et, pour les grandes villes d'un plan. Théophile dispose de l'Écriture. Les hommes font des choses étonnantes : entre autres, ils savent écrire.

L'Écriture n'est pas la dactylographie d'un discours enregistré.
Dieu a inspiré * des hommes pour mettre par écrit ce qu'il leur faisait comprendre, ce qu'il leur révélait. Aujourd'hui, il nous éclaire pour les lire. Dans l'Écriture (avec une majuscule), Dieu a parlé et parle encore.

Pour emmener Nicodème et d'abord pour ne pas se perdre lui-même, Théophile doit devenir de plus en plus familier de l'Écriture.
C'est pourquoi, cette année, vous recevez la Bible entière : Ancien et Nouveau Testament.

La Bible est un gros livre, épais comme un dictionnaire.
Il ne nous viendrait pas à l'esprit de lire un dictionnaire de A à Z.
De même, nous ne lirons pas la Bible du début à la fin.
Vous aurez toute votre vie pour lire l'Écriture.
Que la Bible ne vous fasse pas peur. D'abord, il y a des pages que vous connaissez déjà : dans la Genèse (Abraham), dans l'Exode (Moïse), dans les Psaumes, dans le prophète Isaïe. Ensemble, nous découvrirons des personnages moins connus : Josué, successeur de Moïse ; Abel tué par Caïn ; le pauvre Job sur son fumier ; le prophète Ezéchiel et quelques autres.

Pour ceux qui ont mené l'enquête sur Jésus, l'évangile de Luc n'a plus de secrets.
Mais, cette année, nous irons fouiller dans :

- les Actes des Apôtres, rédigés aussi par saint Luc,
- les épîtres de saint Paul,
- les écrits de saint Jean.

*** « Inspirés »**
Les auteurs bibliques sont « inspirés » : le Saint-Esprit (Spiritus en latin) les a guidés pour qu'ils nous guident eux-mêmes dans la foi.

Les auteurs du Nouveau Testament rendent directement témoignage au Christ. Mais déjà dans l'Ancien Testament, l'Esprit Saint « a parlé par les prophètes » pour orienter le regard vers le Christ.

Bible, Écriture, Parole de Dieu : des expressions qui se ressemblent, mais qu'il ne faut pas confondre !

***La Bible**, c'est le volume autrefois recopié par les moines, aujourd'hui imprimé.*

***L'Écriture**, c'est l'ensemble des textes rédigés par les auteurs inspirés. L'Écriture est « sainte » à cause de l'Esprit « Saint ».*

***La Parole**, c'est Dieu lui-même, en la personne de Jésus, annoncé par les prophètes.*

Comment lire la carte ?

Dans l'Écriture, nous découvrons qui est Dieu. Nous l'entendons : il s'adresse aux hommes ; il les appelle.

Dans l'Écriture, nous voyons aussi comment l'homme répond et ce qui se passe quand l'homme répond « oui »: Dieu l'envoie en mission auprès des autres pour leur ouvrir le chemin. Exactement ce qu'il demande aux Théophile d'aujourd'hui : ouvrir à Nicodème les « portes de la foi ».

Vérifions sur notre carte, c'est-à-dire dans l'Écriture.

ANCIEN TESTAMENT

Moïse	• L'appel	*Moïse ! Moïse !*	Exode 3, 1-4
	• la réponse	*Me voici*	Exode 3, 4-6
	• La mission	*Je t'envoie*	Exode 3, 7-10
Isaïe	• L'appel	*Qui enverrai-je ?*	Isaïe 6, 1-8
	• La réponse	*Me voici ; envoie-moi*	Isaïe 6, 8
	• La mission	*Va et tu diras*	tout le livre d'Isaïe
Le Serviteur de Dieu	• L'appel	*Dès les entrailles de ma mère*	Isaïe 49,1
	• La réponse	*Je ne me suis pas dérobé*	Isaïe 50, 4-8
	• La mission	*Ce sont nos souffrances qu'il portait*	Isaïe 53, 4-5

NOUVEAU TESTAMENT

Marie	• L'appel	*Je vous salue, Marie*	Luc 1, 26-28
	• La réponse	*Je suis la servante du Seigneur*	Luc 1, 38
	• La mission	*En ces jours-là, Marie partit en hâte*	Luc 1, 39-44
Jean-Baptiste	• L'appel	*La parole de Dieu fut adressée à Jean dans le désert*	Luc 3, 2
	• La réponse	*Je ne suis pas digne de délier la courroie de ses sandales*	Marc 1, 6-8
	• La mission	*Préparer le chemin du Seigneur*	Luc 3, 3-6
Pierre	• L'appel	*Avance en eau profonde*	Luc 5, 4
	• La réponse	*Sur ta parole, je lâcherai les filets*	Luc 5, 5
	• La mission	*Désormais, ce sont des hommes que tu prendras*	Luc 5, 10
Paul	• L'appel	*Saul ! Saul !*	Actes 22, 7
	• La réponse	*Qui es-tu, Seigneur ? Que dois-je faire ?*	Actes 22, 8-10
	• La mission	*Tu dois être témoin devant tous les hommes*	Actes 22, 15

Au temps de Josué, une très belle profession de foi

« Profession » ressemble à « confession ». Le préfixe a changé mais le corps du mot est le même : encore une fois, c'est du latin ! Il s'agit d'un verbe signifiant « dire ». Dans le sacrement de la réconciliation, nous « confessons » nos péchés et l'amour de Dieu qui pardonne. Dans la « profession de foi », nous disons publiquement notre foi en nous engageant à la vivre.

L'Ancien Testament nous donne un exemple magnifique de profession de foi au livre de Josué. Moïse a libéré le Peuple. Il l'a conduit à travers le Désert. Moïse meurt mais, peu après, Josué fait entrer le Peuple en Terre Promise. Une fois le pays occupé, Josué rassemble toutes les tribus d'Israël et leur pose la question : maintenant que vous êtes bien installés, n'allez-vous pas oublier le Seigneur ?
Pour la réponse :

ALLONS VOIR LE LIVRE DE JOSUÉ,
LISONS AU CHAPITRE 24 LES VERSETS 1 À 28

Quant aux chrétiens, voici leur profession de foi au jour du baptême et dans la nuit de Pâques :

- Pour vivre dans la liberté des enfants de Dieu, rejetez-vous le péché ? ***Oui, je le rejette.***
- Pour échapper au pouvoir du péché, rejetez-vous ce qui conduit au mal ? ***Oui, je le rejette.***
- Pour suivre Jésus-Christ, rejetez-vous Satan qui est l'auteur du péché ? ***Oui, je le rejette.***
- Croyez-vous en Dieu le Père tout-puissant, créateur du ciel et de la terre ? ***Je crois.***
- Croyez-vous en Jésus-Christ, son Fils unique, notre Seigneur, qui est né de la Vierge Marie, a souffert la passion, a été enseveli, est ressuscité d'entre les morts, et qui est assis à la droite du Père ? ***Je crois.***
- Croyez-vous en l'Esprit Saint, à la sainte Église catholique, à la communion des saints, au pardon des péchés, à la résurrection de la chair, et à la vie éternelle ? ***Je crois.***

Telle est notre foi. Telle est la foi de l'Église que nous sommes fiers de proclamer dans le Christ Jésus notre Seigneur. ***Amen.***

Professer la foi,
c'est reconnaître Dieu, l'Unique, dans le Père, le Fils et l'Esprit Saint,
c'est refuser ce qui lui est contraire,
c'est croire de tout son coeur, espérer de toute sa force,
aimer de tout son être.

Dans la profession de foi, il n'y a pas de jours chômés.

Chant

Refrain :

Sans te voir nous t'aimons
Sans te voir, nous croyons
Et nous exultons de joie, Seigneur
Sûrs que tu nous sauves.
Nous croyons en toi.

Qui écoute ta Parole, Seigneur
Ne verra jamais la mort.
A qui irions-nous Seigneur,
tu as les paroles de la vie éternelle.

Par la foi Seigneur habite en nos cœurs.
Garde-nous dans ton amour.
A qui irions-nous Seigneur ...

Par ta grâce tu nous sauves, Seigneur.
Tu mets en nos cœurs la foi.
A qui irions-nous Seigneur ...

Théophile a aimé

Seigneur Jésus,
A force de croire en ton Amour
je deviens Ton reflet.
A force de croire en Ta parole
je deviens Ton disciple.
A force de croire en Ton pardon
je deviens miséricorde.
A force de croire en Ton Esprit
je deviens Ton témoin.
A force de croire en Toi Jésus
je deviens Ton enfant.
A force de glorifier Ton nom
je deviens : louange.
A force de croire en Ta résurrection
Je suis Vivant,
éternellement.

Nous sommes des gens qui faisons profession de foi, comme d'autres de boulanger ou de médecin.

Nous sommes là, non pour donner la foi – elle est le don de Dieu – mais pour l'« exploiter » en nous, manifester le contenu de son message, tracer des chemins qu'elle puisse prendre.

Être au service de son jaillissement, c'est notre travail.

Madeleine Delbrêl

Souvent, nous entendons dire « j'ai la foi », ou bien « je n'ai pas la foi », comme on dirait « j'ai une valise » ou « je n'ai pas de parapluie ». D'ailleurs, comme ce dernier, que l'on oublie fréquemment, certains diront aussi : « J'ai perdu la foi » ... La foi n'est ni un objet, ni une tradition que l'on peut posséder, perdre ou retrouver. Elle est une invitation, un sens pour notre vie. La foi signifie une adhésion, un engagement qui, chaque jour, est à renouveler. Elle prend corps dans le temps, comme un horizon à bâtir, personnellement et avec d'autres.

D'après « Rencontres » - Mgr Dubost

JE SAIS EN QUI JE CROIS

Je crois en un seul Dieu, le Père Créateur

Quand tu ouvres la Bible, tu trouves d'abord le livre de la Genèse. Il commence par deux chapitres aux titres divers selon les éditions : « origines », « création », « l'homme dans le monde ». Certains titres parlent de « récits » ; d'autres, de « poèmes ». Peu importe pour le moment.

Ces quelques pages écrites voici 2500-3000 ans n'ont pas tellement vieilli. Car elles correspondent à une question aussi actuelle aujourd'hui que pour l'homme biblique : d'où vient le monde où je me trouve ? Suis-je là par hasard ? Parmi tous les êtres vivants, l'homme a-t-il raison de se croire supérieur ?

Dans la vie habituelle, nous voyons toujours les mêmes visages ; nous suivons les mêmes chemins ; nous avons nos habitudes. Nous sommes à peu près en sécurité. Mais quand je réfléchis, je sais que chacun de nous n'est qu'un grain de sable dans l'univers. Comment ne pas être perdu, écrasé, noyé ?

Dieu nous dit : « Sois sans crainte. Je suis ton Père, ton Créateur ».

Théophile et Nicodème discutent sur les progrès de la science...

Ce que nous savons est considérable :

- Nous avons une idée sur le développement du monde en remontant à quelque quatre milliards d'années en arrière.
- Nous savons à peu près comment la matière est organisée.
- Nous savons comment se propagent la lumière et le son.
- Nous savons comment se transmet la vie ; nous savons même quelles sont les conditions nécessaires pour qu'elle apparaisse.
- Nous connaissons de mieux en mieux le corps humain, ses organes, ses cellules.
- Les chercheurs d'aujourd'hui s'emploient à scruter l'embryon humain, depuis la première cellule formée dans la femme qui devient mère.
- Un jour plus ou moins lointain, nous pourrons sans doute dresser la carte de tous les éléments qui composent un être humain, aussi précisément que nous pouvons établir une carte du ciel.

Grâce à ce que nous savons, nous pouvons réaliser des prouesses techniques que nos ancêtres du siècle d'avant pouvaient à peine imaginer. La place manque pour les énumérer mais vous pourrez en trouver, sans difficulté, dix, vingt, cent qui sont entrées dans notre vie quotidienne, notamment la médecine ou l'aéronautique.

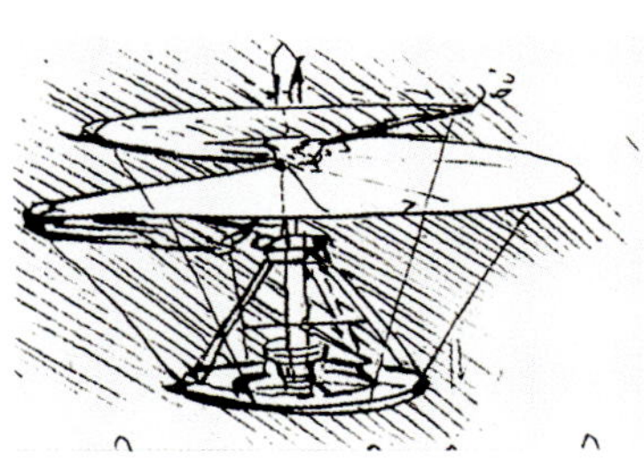

...mais répondent-ils à toutes les questions que l'homme se pose ?

JE SAIS EN QUI JE CROIS

Je crois en un seul Dieu, le Père Créateur

Les vrais savants restent modestes.
Ils préfèrent dire qu'ils sont de simples « chercheurs ».
Plus ils découvrent, plus ils s'aperçoivent que le monde est complexe.
Chaque découverte débouche sur de nouvelles inconnues.

Surtout, ils ne prétendent pas répondre aux questions les plus simples :

- D'où vient ce monde ?
- Pourquoi est-il là ?
- Pourquoi la vie y est-elle apparue ?
- Pourquoi l'homme se distingue-t-il parmi tous les vivants ?

Même s'ils ne sont pas très bons élèves, Théophile et Nicodème sont un peu savants. Il leur suffit d'ouvrir un livre de physique ou de biologie, de regarder une émission scientifique à la télévision pour en apprendre bien plus que ne savaient leurs grands-parents même s'ils étaient très instruits.
Mais, comme les savants, nous ne sommes toujours pas plus avancés quand il s'agit des questions les plus simples. Celles qui nous intéressent le plus. Celles qui touchent à notre vie elle-même, à notre personne. Celle-ci, par exemple : « Pourquoi suis-je né ? »

Depuis les origines de l'homme, différentes religions tentent de répondre à ces questions. Aujourd'hui, le monde riche est ébloui par ses découvertes scientifiques et ses prouesses techniques. Il pense que la science lui apportera toutes les réponses.

Les scientifiques, quant à eux, sont plus réalistes. Ils disent : « Pour savoir qui vous êtes et ce que vous avez à faire, adressez-vous ailleurs. Nous ne vous donnerons jamais ces réponses-là ».

Théophile et Nicodème visitent le premier chapitre de la Genèse

Les Juifs se sont posé les mêmes questions que les autres peuples :

- Que faisons-nous sur cette terre ?
- Pourquoi cette terre et pourquoi l'homme ?

Dieu ne les a pas laissés dans le noir. Il leur répond. Sa réponse prend la forme de deux récits qui ouvrent la Bible : les chapitres 1 et 2 de la Genèse.

Ils sont en tête puisqu'ils parlent des origines. Mais n'allons pas imaginer Dieu enseignant son Peuple comme un professeur : 1re leçon, 2e leçon, 3e leçon. A deux moments de l'Histoire, dans des circonstances différentes, Dieu a éclairé des sages pour qu'ils transmettent au Peuple une lumière sur le sens du monde qui l'entoure.

Le chapitre 1er date de l'époque de l'Exil (voir pages 42-43). A Babylone, les prêtres récitaient de vieux contes sur l'origine du monde et l'explication du Mal. Le chapitre 1 de la Genèse est une révélation de Dieu pour que le Peuple ne s'égare pas dans les fables des païens.

Le chapitre 2 est plus ancien mais il est lu en second parce qu'il est tout entier centré sur l'histoire de l'homme alors que le chapitre 1 parle du monde dans lequel, à un moment, l'homme est apparu.

En lisant tout haut les deux chapitres à la suite, chacun s'aperçoit que le style en est tout différent. Les récits ne concordent pas. La Bible, en les mettant bout à bout, n'a pas cherché à les harmoniser. Les révélations de Dieu ne sont pas des reportages : elles nous livrent un message qui n'est pas du genre historique ou scientifique mais qui nous apporte une réponse sur les questions vitales sur lesquelles la science et l'histoire ne nous renseigneront jamais.

Les Théophile consciencieux et les Nicodème curieux liront les deux chapitres. Pour l'instant :

**ALLONS VOIR LE LIVRE DE LA GÉNÈSE,
LISONS DU CHAPITRE 1 AU CHAPITRE 2 VERSET 4**

Vous trouverez à la page suivante quelques remarques pour guider votre lecture.

1. «Au commencement Dieu créa». Dieu est avant tout commencement. Il ne commence pas. Il ne naît pas. Depuis la Bible, nous avons appris à dire : Dieu est éternel. Dieu n'a pas d'âge. Les enfants demandent souvent : «Et Dieu, d'où vient-il ?» De nulle part. Simplement, **il est**.

En face de lui, personne. Il n'y a pas de dieu mauvais. C'est pourquoi, il triomphera du Mal. L'espérance s'appuie sur cette certitude.

Pour dire l'action de Dieu, l'Écriture emploie un mot spécial : «créer». Les hommes fabriquent, produisent, imaginent, transforment. Les vivants transmettent la vie mais ils n'inventent pas la vie. **La création elle, c'est du tout neuf**. Avant elle, rien sinon Dieu.

3. «Dieu dit» : **Dieu crée par sa Parole**. Depuis Jésus, nous savons qu'en Dieu, l'Unique, *(Jn 1, 1-3)* sont unis le Père, le Fils qui est sa Parole et l'Esprit Saint.

4. Tout commence par la lumière et la **lumière** est bonne. Notre Dieu n'est pas un dieu de ténèbres, même si nous ne le voyons pas aujourd'hui. **Notre espérance**, c'est de le **voir** au-delà de notre vie sur terre.

5. La Genèse répartit la naissance du monde sur six jours, après lesquels vient le repos de Dieu qui confie la création à l'homme. L'auteur de la Genèse ne veut pas parler de six fois 24 heures. Il laisse entendre que **le monde ne s'est pas fait en un jour**.

14. Le soleil et la lune ont toujours fasciné les hommes. Ils les ont souvent pris pour des dieux : n'avons-nous pas le culte du soleil ? Dans la création de Dieu, soleil et lune sont bons, mais ne sont pas des dieux. **Il n'y a de dieu que Dieu.**

11, A trois reprises, il nous est parlé de la vie. Les végétaux, les poissons et les oiseaux, les
20, animaux de la terre, même les bêtes sauvages. Comme si le grand souci de Dieu, c'était
24. la vie. Quelle merveille que la vie ! **Les formes de la vie sont infiniment variées**. **Dieu aime la différence**. Dès que la vie animale apparaît Dieu la bénit. Il veut qu'elle se multiplie.

26 Au 6e jour, dans le langage imagé de la Genèse, Dieu réfléchit. Parmi les animaux de la terre, il va créer l'homme. **L'homme sera à l'image et ressemblance de Dieu**. Il reçoit de Dieu le pouvoir de dominer toute la création, même les vivants.

27. Pour les animaux, les sexes ne sont pas mentionnés dans la Genèse. **L'homme, au contraire, est masculin et féminin**. L'un et l'autre, également, sont à l'image et ressemblance de Dieu. Le chapitre 2 dira comment ils se complètent l'un l'autre.

31. Après l'apparition de l'homme, Dieu regarde à nouveau. Désormais, le monde n'est plus seulement bon : il est très bon. L'homme sait nettement qui il est : le chef d'oeuvre de Dieu. **Il lui restera à apprendre que Dieu l'a créé par amour** et pour aimer puisqu'il est à sa ressemblance (voir pages 102-103).

* Les numéros imprimés à gauche indiquent les versets

Finalement, qui a raison ? La science ou la foi ?

La science ne voit Dieu nulle part. La foi le voit à la source de toute chose, de toute vie, de tout homme. Mais rien ne nous oblige à choisir entre la science et la foi comme si elles s'opposaient. Pourquoi l'une et l'autre n'auraient-elles pas raison, chacune à son point de vue ?

QU'EST-CE QUE LA MER ?

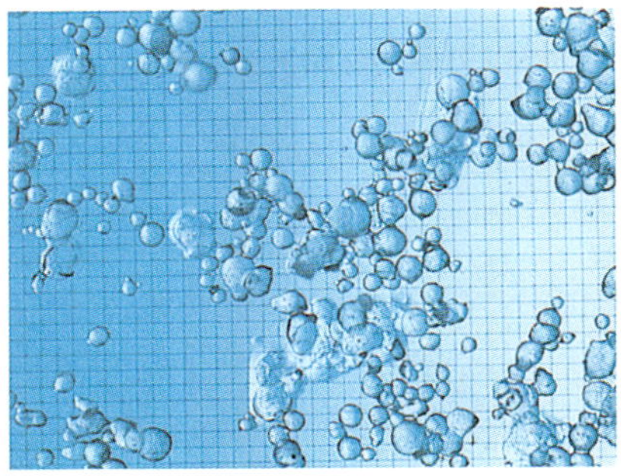

QU'EST-CE QUE LE TÉLÉPHONE ?

QU'EST-CE QUE LA MAIN ?

Ceux qui choisissent les réponses de la colonne de droite ne devraient pas oublier la colonne de gauche. Mais il faudrait être bien sot pour s'en tenir à la colonne de gauche.

Le monde n'est pas seulement une mécanique compliquée. Elle est aussi l'oeuvre de Dieu. Il y révèle son intelligence et sa force. Il y fait apparaître l'homme au « 6e jour » : à l'homme d'aménager **la maison que Dieu lui donne.**

Faites grandir le monde

JE SAIS EN QUI JE CROIS
Je crois en un seul Dieu, le Père Créateur

1 Admirer la création et adorer le Créateur

La création est admirable. Dans l'Antiquité, les hommes admiraient la régularité des saisons, la fertilité de la terre, la diversité des vivants, etc. L'Écriture contient des louanges à Dieu pour la beauté et l'intelligence de son oeuvre. Nous qui en savons beaucoup plus qu'eux, nous avons bien plus de motifs d'admirer l'oeuvre de Dieu et de chanter la louange de Dieu.

Le monde est immense, extraordinairement complexe, animé de forces prodigieuses, apparemment immuable. Pourtant, il n'est pas Dieu. Dieu seul est Dieu.

2 Respecter le monde et l'aimer

Dieu donne à l'homme le pouvoir de dominer le monde. Ce pouvoir commence par celui de connaître (voir page 12). C'est une chose admirable que nous puissions connaître :

- ce qui est invisible (la cellule, la molécule, l'atome),
- ce qui a disparu (les civilisations d'autrefois),
- ce qui, au premier abord, est incompréhensible (les langues étrangères, les maths).

Parce que nous connaissons le monde, nous pouvons agir sur lui. C'est l'ordre que Dieu donne à l'homme. Mais attention : l'homme est seigneur de la création, à la manière de Dieu. C'est-à-dire pour faire réussir le monde. Or nous savons aujourd'hui que l'homme peut aussi détraquer la nature.

3 Poursuivre l'œuvre de Dieu

Curieusement, l'Écriture dit que Dieu se repose après la création de l'homme. Il remet son oeuvre entre nos mains pour la prolonger, la perfectionner. Le monde ne sera jamais parfait : Dieu seul est parfait. Mais nous pouvons le faire avancer.

Le chapitre 2 de la Genèse emploie l'image du jardinier. Nous ne sommes pas des gardiens de musée qui surveillent pour que rien ne bouge, nous sommes des jardiniers qui font pousser des plantes variées. Il y faut beaucoup de soin, beaucoup d'amour.

Le Créateur est notre Père. Il a donné le monde aux hommes comme un cadeau, une ressource à mettre en oeuvre. Les richesses de ce monde sont à développer pour que tous puissent mener une vie digne. Ce devoir est d'autant plus urgent que les hommes sont plus nombreux : 5 milliards, 6 milliards...

Théophile est appelé à faire grandir le monde. Il ne s'agit pas de repousser les étoiles encore plus loin. Il s'agit de rendre ce monde plus habitable pour un plus grand nombre. Pour cela, il faut que chaque personne, chaque groupe, chaque peuple développe ses dons pour le bien de tous.

Si tu veux faire grandir le monde, grandis toi-même.

Chant

1. Par les Cieux devant toi, splendeur et majesté,
Par l'infiniment grand, l'infiniment petit,
Et par le firmament, ton manteau étoilé,
Et par frère soleil, je veux crier :

2. Par toutes les montagnes et toutes les vallées,
Par l'ombre des forêts, et par les fleurs des champs,
Par les bourgeons des arbres et l'herbe des prairies,
Par le blé en épis, je veux crier :

Refrain :
Mon Dieu, Tu es grand, Tu es beau, Dieu vivant, Dieu très haut, Tu es le Dieu d'amour.
Mon Dieu, Tu es grand, Tu es beau, Dieu vivant, Dieu très haut, Dieu présent, en toute création.

3. Par tous les animaux, de la terre et de l'eau,
Par le chant des oiseaux, par le chant de la vie,
Par l'homme que tu fis juste moins grand que toi
Et par tous ses enfants, je veux crier :

Théophile a aimé

« Une première constatation s'impose : la science ne répond pas à toutes les questions que nous sommes susceptibles de poser. Si la science est capable de modifier notre comportement, voire les réactions de notre cerveau, elle ne nous apprend pas ce que nous sommes venus faire sur la terre, elle ne nous impose pas une philosophie du pessimisme ou de l'optimisme. »

Louis Leprince-Ringuet, physicien

J'ai interrogé la terre et elle m'a répondu :
« Ce n'est pas moi ton Dieu. »
Tout ce qui vit à sa surface m'a fait la même réponse.

J'ai interrogé la mer et ses habitants, et ils mont répondu :
« Nous ne sommes pas ton Dieu, cherche plus haut que nous ».

J'ai interrogé le vent, et il m'a répondu :
« Je ne suis pas ton Dieu ».

J'ai interrogé le ciel, le soleil, la lune, les étoiles.
Tous m'ont répondu :
« Nous ne sommes pas le Dieu que tu cherches ».

Alors, je leur ai demandé à tous :
« Parlez-moi de mon Dieu, puisque vous ne l'êtes pas,
et dites-moi quelque chose de Lui ».

Et ils m'ont crié de leurs voix puissantes :
« C'est lui qui nous a faits ».
Pour les interroger, je n'avais qu'à les contempler,
et leur réponse, c'était leur beauté.

Saint Augustin

Vraiment, il est bon de te rendre grâce, il est juste et bon de te glorifier, Père très saint, car tu es le seul Dieu, le Dieu vivant et vrai : tu étais avant tous les siècles, tu demeures éternellement lumière au-delà de toute lumière. Toi, le Dieu de bonté, la source de la vie, tu as fait le monde pour que toute créature soit comblée de tes bénédictions, et que beaucoup se réjouissent de ta lumière.

prière eucharistique IV

JE SAIS EN QUI JE CROIS

Et en Jésus-Christ, Notre Seigneur

Nicodème aimerait peut-être rester encore une ou deux semaines à explorer la Création. Mais il faut aussi avancer, quitte à y revenir une autre année.

Le Symbole des Apôtres passe rapidement sur la Création et tout de suite, nous conduit au Christ. Le chrétien n'est pas seulement quelqu'un qui croit en Dieu – bien des hommes croient en Dieu dans diverses religions – mais quelqu'un qui croit au Christ Jésus.

Parmi les contemporains de Jésus, Pierre a été le premier à vraiment croire en lui et à l'annoncer aux autres. Théophile se dit que l'exemple de Pierre pourrait intéresser son ami Nicodème. D'autant plus que Pierre est bien sympathique, si proche de nous, avec ses élans, ses faiblesses et ses conversions.

Pierre, une foi en marche

Pensez-vous que Jésus a déclaré tout de suite : «Je suis le Fils de Dieu : croyez en moi» ? Pensez-vous qu'il annonça, dès le premier jour, qu'il mourrait sur la croix et que, parmi ses disciples, beaucoup seraient mis à mort à cause de leur foi ?

Non bien sûr.
A Pierre et André, à Jacques et Jean, Jésus a simplement demandé de le suivre. Pas loin. Pour quelques jours ou quelques semaines. C'est en suivant Jésus qu'ils ont appris à le connaître. Ils l'ont écouté. Ils l'ont entendu parler de Dieu son Père et du Royaume. Ils l'ont vu prier, guérir, pardonner les péchés. A tous, il essayait d'ouvrir les yeux. Il appelait à vivre dans l'amour du Père, dans l'amour des frères. Un mot revenait souvent sur ses lèvres : «heureux, bienheureux ...».

Et plus les disciples le suivaient et l'entendaient, plus ils comprenaient qu'en lui, tout était vrai. Tout était lumière. Ils pouvaient le croire. Ils avaient fait l'expérience ; ils avaient vérifié : c'était bien lui qu'ils attendaient. Jean-Baptiste avait dit vrai : le Royaume de Dieu arrivait avec Jésus.

S'ils avaient regardé Jésus passer, mais s'ils ne l'avaient pas suivi, ils n'auraient rien vu, rien compris.
Pour toi, Nicodème, la leçon est claire : si tu veux devenir chrétien, un peu ou un peu plus, il faut bouger. Dans ta tête, dans ton coeur, dans ta vie. Jésus l'a dit :

«Celui qui fait la vérité vient à la lumière»
Jean 3, 21

La «profession de foi» est un jour particulier.
Elle a lieu une seule fois dans la vie.
Mais, les professions de foi sont multiples :
chaque année, chaque semaine, chaque jour.

«Professer», «progresser» :
les deux mots se ressemblent.

«Professer sa foi», «progresser dans la foi» :
y a-t-il un rapport ?

La foi de Pierre : des hauts et des bas

JE SAIS EN QUI JE CROIS
Et en Jésus-Christ, Notre Seigneur

Pierre n'est pas devenu disciple de Jésus du jour au lendemain. Il était généreux et il avait le désir de bien faire pour servir Jésus. Mais il mettra du temps pour comprendre que Jésus n'est pas un ami ordinaire. Jésus n'est pas un ami facile. Si nous croyons en Jésus, c'est à lui de mener la barque. Et Pierre aurait bien voulu mener la barque de Jésus, lui faire la leçon.

Voici quelques moments-clefs dans la vie de saint Pierre.

ALLONS VOIR DANS LES ÉVANGILES

- Jésus l'appelle — *Matthieu 4, 18*
- Jésus le choisit comme apôtre — *Matthieu 10, 2*
- La pêche miraculeuse — *Luc 5, 4 - 11*
- Pierre reste fidèle — *Jean 6, 68*
- Quand Jésus rend la vie à la fille de Jaïre — *Luc 8, 51*
- Pierre marche sur les eaux à la rencontre du Christ — *Mathieu 14, 22 - 33*
- Pierre professe sa foi au Christ — *Matthieu 16,16*
- Jésus confie son Église à Pierre — *Matthieu 16,18*
- Pierre refuse l'annonce de la Passion — *Matthieu 16, 21-23*
- Quand Jésus est transfiguré — *Matthieu 17, 1-8*
- La promesse de ne pas renier Jésus — *Jean 13, 36-38*
- Le lavement des pieds — *Jean 13*
- Il dort à Gethsémani — *Matthieu 26, 32*
- Il veut défendre Jésus avec son arme — *Jean 18, 11*
- Le triple reniement — *Matthieu 26, 69-75*
- La conversion de Pierre — *Luc 22, 61*
- Pierre et Jean au tombeau — *Jean 20, 1-10*
- La deuxième pêche miraculeuse — *Jean 21*
  - « Pierre, m'aimes-tu ? »
  - « Sois le pasteur de mes brebis »
  - L'annonce de son martyre

RÉPARTISSEZ-VOUS LE TRAVAIL ET METTEZ EN COMMUN VOS DÉCOUVERTES :

A propos de chaque scène, vous pourriez chercher :

1. Qui a l'initiative : Jésus, Pierre ou quelqu'un d'autre ?
2. Ce qui se passe quand Pierre prend l'initiative.
3. Quelle est la force qui fait agir ou parler saint Pierre ?

Pierre qui croit et Pierre qui doute

Parmi toutes les scènes énumérées à la page précédente, choisissons-en une. Par exemple, saint Pierre marchant sur les eaux :

ALLONS VOIR SAINT MATTHIEU,
LISONS AU CHAPITRE 14 LES VERSETS 22 À 33

Le texte est tout prêt pour tourner un film. A chaque verset correspond un plan. Il suffirait d'indiquer sur le script.

- Qui est en scène ?
- Sur qui est braqué le projecteur ?
- Quelles sont les paroles du dialogue ?
- Quels sont les gestes et les mouvements ?

Mais supposons maintenant que nous sommes avec Pierre dans la barque.

1. Certains jours, rien ne va plus. Nous n'avançons pas. Aucune lumière. Même le Christ paraît lointain : n'est-ce pas un fantôme, comme disent d'abord les disciples ?

Vous pourriez mettre en commun ce qui vous inquiète le plus, les uns et les autres. Les guerres, la mort d'un proche, les difficultés de famille, la vie ou le travail au collège, etc.

2. Nous pouvons penser que saint Pierre avait bien de la chance : le Seigneur Jésus était tout près de lui. Quand il enfonçait, Jésus le tirait par la main. Faut-il compter sur le Christ ou ne compter que sur ses propres forces ?

Vous pourriez mettre en commun ce que vous pensez de la prière : pourquoi prions-nous ? A quoi cela sert-il ?

3. Parfois, comme Pierre, nous avons un élan vers Jésus : nous voulons aller vers lui. Nous voudrions faire quelque chose pour lui. Mais si nous rencontrons un obstacle, nous abandonnons tout de suite : nous cédons à la « tentation ».

Vous pourriez mettre en commun les raisons qui vous motivent pour aller à la Messe le dimanche et celles qui font obstacle.

4. Pierre pourrait avoir honte. Il a commencé à croire en Jésus et il revient en arrière parce qu'il a peur. Au moment de la Passion, ce sera bien pire.

Quand vous vous êtes fâché avec un ami, quelle solution prenez-vous pour en sortir ? Et quand vous vous êtes mis en difficulté avec Dieu ?

Pierre après sa profession de foi

Saint Pierre est le premier qui ait dit :

« Tu es le Christ, le Fils du Dieu Vivant »
Matthieu 16, 13-20

Pierre a raison. Il a vu juste. Il ne doit pas s'en vanter : c'est Dieu lui-même qui a éclairé son esprit.
Pierre a-t-il atteint ce jour-là son meilleur niveau (son *top niveau*, diraient les journaux sportifs), dans la foi ? Ne peut-il, ensuite, que plafonner ?
Au-delà d'un certain âge, le sportif ne peut plus espérer battre son propre record.
Au mieux, il se maintient un certain temps, avant de reculer dans les classements. En est-il de même pour la foi ? Non.

La question est importante pour Théophile s'il se prépare à sa profession de foi. Voici les trois possibilités entre lesquelles Théophile a le choix.

1ÈRE POSSIBILITÉ

La profession de foi serait la fin de votre histoire chrétienne. Après quoi, vous fermeriez, pour longtemps, les portes de la foi et de l'Église.

2ÈME POSSIBILITÉ

La profession de foi serait le sommet de votre vie chrétienne. Après elle, inévitablement, vous descendriez en pente douce vers l'oubli.

3ÈME POSSIBILITÉ

Pour dire sa foi, Pierre ne trouvera jamais des mots plus forts et plus précis que ceux de Matthieu 16,16. Mais son expérience de chrétien s'élargira à cause de sa responsabilité sur toute l'Église : les questions posées par les communautés l'obligeront à aller plus loin.

Entre le moment où la pluie tombe du ciel et celui où elle atteint les nappes souterraines, cent mètres au-dessous de la surface du sol, il faut six mois. Pour que la Parole de Dieu nous pénètre, il faut toute une vie.

L'histoire de Pierre ne s'est pas arrêtée

– Pierre m'aimes-tu ?
– Seigneur, tu sais tout ; tu sais que je t'aime.
– Sois le pasteur de mes brebis.

Vous avez reconnu le dialogue entre Jésus et Pierre, au bord du lac de Tibériade, après Pâques. Mais l'histoire de Pierre ne finit pas avec le chapitre 21 de saint Jean. Saint Luc nous renseigne sur la suite, dans la seconde partie de son œuvre, les Actes des Apôtres (voir page 81).

Feuilletons les Actes des Apôtres. Vous verrez que Pierre n'est pas resté inactif. Il se trouve parfois dans des situations imprévues et embarrassantes. Encore un point commun entre lui et nous.

1* Comme toujours dans le Nouveau Testament, Pierre est cité en tête des Douze (verset 13). Les Douze ne sont plus douze puisque Judas s'est pendu. Pierre prend l'initiative de trouver un remplaçant. Initiative audacieuse car chacun des Douze avait été choisi par Jésus lui-même.

Pour qui saint Pierre se prend-il donc ?

2 Au jour de la Pentecôte, Pierre, « debout avec les Onze », prend la parole. C'est la première annonce publique de la Résurrection. La mission de l'Église, à jamais, est d'annoncer au monde que la vie éternelle est commencée puisque Jésus est ressuscité.

Et nous, Théophile, comment annonçons-nous cette Bonne Nouvelle ?

3 Pierre remet sur pieds un homme qui n'avait jamais pu marcher. C'est un miracle, à la manière du Christ. Pierre explique aux bonnes gens qu'il a agi par la force du Ressuscité.

Cette force est-elle aussi à notre disposition ?

4 Pour la première fois, Pierre comparaît devant le tribunal juif (le Sanhédrin) qui a condamné Jésus quelques semaines plus tôt. Dans la nuit où son Maître était jugé, Pierre l'avait renié. Maintenant, sûr que le Christ est ressuscité, Pierre témoigne avec assurance. Lisez, entre autres, les versets 12 et 19 - 20. Vous remarquerez, au passage, que Pierre est d'habitude accompagné de Jean : **Un chrétien n'agit pas tout seul.**

5 Les fraudes n'ont pas tardé à voir le jour dans la communauté chrétienne. Pierre y met bon ordre. La manière est rude.

Et nous, comment servons-nous la communauté chrétienne dont nous faisons partie ? Notre équipe ? Notre aumônerie ? Notre paroisse ou notre mouvement ?

*Les numéros indiquent les chapitres.

JE SAIS EN QUI JE CROIS
Et en Jésus-Christ, Notre Seigneur

5 Pierre est arrêté, mis en prison et délivré par Dieu.
Pierre aurait pu prendre peur, comme la nuit où il marcha sur la mer. Mais non ! Il recommence à enseigner
Nouvelle comparution devant le Sanhédrin. Fière réponse de Pierre : verset 29.

Que pensons-nous de son attitude?

8 La communauté chrétienne de Jérusalem est persécutée. Pour la première fois apparaît un personnage très important, Saul, qui deviendra Paul. Courageusement, les apôtres restent à Jérusalem.
L'Évangile commence à se répandre en Samarie, là où Jésus lui-même avait prêché. Saint Pierre y va pour confirmer dans la foi les nouveaux chrétiens.

Aujourd'hui, qui remplit le rôle de Pierre et de Jean ?

10 C'est un tournant dans le livre des Actes et même dans l'histoire de l'Église. Jusque-là,
11 l'Évangile n'a été annoncé qu'aux Juifs. En la personne de Corneille, Dieu invite Pierre à évangéliser les païens. Or Corneille avait tout pour déplaire à un juif : il était païen, officier dans l'armée étrangère qui contrôlait le pays. Il habitait une ville païenne : Césarée. Pierre se fait un peu prier : il y risque sa réputation. Mais, parce que le Seigneur le demande, il y va quand même. Et l'Esprit Saint tombe sur Corneille.

Nous est-il arrivé de répondre à un appel de Jésus sans savoir où il nous mènerait ?

12 Pierre est encore une fois arrêté.

15 Quand il y a un conflit, Pierre tient sa place pour tâcher de le résoudre. L'enjeu était l'entrée dans l'Église des païens convertis. Devaient-ils appliquer les coutumes juives, alors qu'ils n'étaient pas juifs ? Paul plaide vigoureusement pour que les païens convertis ne soient pas obligés d'imiter les juifs.
Une fois l'accord trouvé, Pierre disparaît des Actes des Apôtres.

Il est remarquable que la dernière action de Pierre racontée dans les Actes soit en faveur de l'unité.

Chant

En Toi j'ai mis ma confiance, ô Dieu très saint,
Toi seul es mon espérance et mon soutien,
C'est pourquoi je ne crains rien.
J'ai foi en Toi, ô Dieu très saint,
C'est pourquoi je ne crains rien.
J'ai foi en Toi, ô Dieu très saint.

Théophile a aimé

Seigneur, comme Pierre
Tu nous appelles
et Tu nous conduis là
où nous ne penserions pas aller.

Comme lui, Tu nous appelles par notre nom,
ce nom unique, connu de Toi seul...

Nous avons peur de dire « oui «
mais nous savons que Tu nous donneras
la force sur le chemin ;
Tes paroles résonnent à nos oreilles :

« Va, n'aie pas peur,
c'est moi qui te conduirai
et je parlerai par ta bouche
même si tu m'abandonnes,
moi, je ne t'abandonnerai pas »

Loué sois-tu, Seigneur !

Loué sois-tu pour ta sainte Église
édifiée sur les Apôtres :
elle est le corps que nous formons.

Loué sois-tu pour la Parole
qu'ils nous ont fait connaître :
elle est notre lumière et notre joie.

Loué sois-tu pour le baptême
et la pénitence
qu'ils nous ont annoncés dans la foi :
c'est là que nous sommes pardonnés.

Loué sois-tu pour l'eucharistie
qu'ils nous ont transmise :
elle est notre force et notre vie.

Prière des heures

JE SAIS EN QUI JE CROIS

Je crois en l'Esprit Saint qui donne la vie

En regardant vers Jésus, nous approchons aussi du Père.
Car le Fils est inséparable du Père.

Mais le Père et le Fils ne sont pas seuls. En Dieu qui est l'Unique, l'Esprit, Lui aussi, est quelqu'un. La preuve, c'est que nous pouvons le prier.

L'Esprit ne fait pas beaucoup parler de lui. Mais c'est Lui qui fait parler. Dans le Symbole de la foi, nous disons : «Je crois en l'Esprit Scint. Il a parlé par les prophètes».

L'Esprit ne travaille pas pour lui-même. Il travaille pour le Christ.
C'est vers le Christ qu'Il nous guide.
C'est la vie du Christ qu'Il nous donne.
C'est l'Église du Christ qu'Il construit
avec les pierres vivantes que sont les baptisés.

L'Esprit Saint nous mène vers le Christ

Je crois en l'Esprit Saint qui est Seigneur	comme dans l'expression «Jésus-Christ, Notre Seigneur»
et qui donne la vie.	à tous ses degrés : l'Esprit plane déjà sur les eaux au premier jour de la Création.
Il procède	le Symbole emploie exprès un mot différent quand il s'agit du Fils («engendré») et quand il s'agit de l'Esprit.
du Père et du Fils	les chrétiens d'Orient ne mentionnent pas le Fils à cet endroit du Symbole mais ils affirment comme nous que les Trois sont inséparables.
Il reçoit même adoration et même gloire.	ce sont des mots qui valent seulement pour Dieu
Il a parlé par les prophètes.	c'est à dire à travers tout l'Ancien Testament.

1ER DIALOGUE

N. Pourquoi parler du Père et de l'Esprit ? Le Christ ne suffit-il pas ?

T. Pour nous, peut-être, le Christ suffirait, comme tu dis. Mais Jésus, lui, nous parle sans cesse de quelqu'un d'autre : le Père, son Père. Quand il apprend une prière à ses disciples, il leur demande de dire : «Notre Père ...» Jésus dit : ne vous arrêtez pas à moi, suivez-moi, je vais vers le Père.

N. Le Père, si tu veux. Mais l'Esprit ? L'Écriture n'en parle pas beaucoup.

T. Plus que tu ne penses.

N. Par exemple ?

T. Au moins à trois moments clés. A l'Annonciation pour que le Fils de Dieu vienne parmi les hommes. Au baptême de Jésus et au début de sa mission publique. A la Pentecôte ...

N. La Pentecôte, je connais : le grand vent et les langues de feu. Mais pourquoi l'Esprit Saint a-t-il besoin de tout ce cinéma ?

T. Par lui-même, l'Esprit est invisible comme le Père est invisible. Seul le Fils est devenu visible parce qu'il s'est fait homme. Le vent et les langues de feu sont de simples signes de l'Esprit.

N. Pourquoi ces signes là ? Que veulent-ils dire ?

T. Là, je te laisse chercher.

Pour comprendre le deuxième dialogue, il faut se rappeler que le premier Nicodème est ce personnage de l'Évangile qu vint, de nuit, trouver Jésus pour l'interroger et Jésus lui avait parlé de l'Esprit *(Jn 3)*.

2ᴱ DIALOGUE

T. Alors, il t'a parlé de l'Esprit ? Que t-a-t-il dit ?

N. Il m'a dit : « à moins de naître d'eau et d'esprit, nul ne peut entrer au Royaume de Dieu ». Il a continué : « ce qui est né de la chair est chair ; ce qui est né de l'Esprit est esprit ». Puis, si je peux me permettre de parler ainsi, il a joué sur les mots : comme « esprit » veut dire « souffle » ou « vent » dans es langues de là-bas, il a comparé l'Esprit à un vent dont il est impossible de savoir « ni d'où il vient, ni où il va ». Ce qui fait que je ne suis pas beaucoup plus avancé.

T. Si, tu es plus avancé. Parce que Jésus par e de l'Esprit comme il parle de lui-même. Pour Jésus, non plus, les Juifs ne savaient « ni d'où il vient, ni où il va ». Ils pensaient que Jésus venait du mariage de Joseph et de Marie, alors qu'il a été conçu du Saint-Esprit et qu'il s'en va vers le Père « pour que le monde sache que j'aime le Père ».

N. Donc, l'Esprit ressemble à Jésus.

T. Tout autant que Jésus ressemble à son Père. Il a dit : « qui m'a vu, a vu le Père ». Le Père, le Fils et l'Esprit Saint se ressemblent en tout : ils sont égaux en tout, même dans l'amour qu'ils ont pour nous.

N. S'ils se ressemblent tellement, pourquoi les distinguer ?

T. Parce que Jésus parle de son Père et de l'Esprit Saint. Un chrétien croit en la parole de Jésus : je le crois donc quand il m'annonce l'envoi de l'Esprit Saint *(Jn 14, 16-17 ; 26)*.

N. Le Christ est tout de même plus proche de nous que le Père et l'Esprit Saint ?

T. Oui, si tu veux, puisque seul le Fils s'est fcit homme : il est devenu notre frère et il le reste. Mais par l'amour, le Père, le Fils et l'Esprit Saint ne sont qu'un et ils sont tout proches de nous. C'est même le travail propre de l'Esprit Saint : nous rapprocher du Christ et nous rapprocher les uns des autres *(Jn 15, 12-15)*.

N. Pour toi, l'Esprit, c'est vraiment quelqu'un ? Tu peux t'adresser à lui ?

T. Quand nous faisons le signe de la croix, nous disons « au nom du Père, et du Fils et du Saint- Esprit ». Les choses et les idées n'ont pas de nom. Seuls les vivants ont des noms, comme toi et moi. Oui, le Saint-Esprit est quelqu'un. Je peux le prier. Pour être franc, je devrais le faire plus souvent.

N. Pourquoi dis-tu toujours le Saint-Esprit ou l'Esprit Saint et pas seulement l'Esprit.

T. L'Esprit c'est trop vague. L'Esprit Saint, c'est l'Esprit de Dieu, l'Esprit qui est Dieu.

1

JE SAIS EN QUI JE CROIS

Je crois en l'Esprit Saint qui donne la vie

L'Esprit Saint fait naître et fait renaître

Quand Dieu fait du neuf, l'Esprit est là :

- Au premier jour de la Genèse, l'Esprit de Dieu planait sur les eaux *(Gn 1,2)*.
- Pour qu'un coeur de pierre devienne un coeur de chair, il faut que Dieu mette son Esprit en l'homme *(Ez 36, 24-28)*.
- Quand la Vierge Marie devient Mère de Dieu, l'Esprit Saint la couvre de son ombre *(Lc 1,35)*.
- L'Église naît au jour de la Pentecôte, quand l'Esprit se signale par un violent coup de vent *(Ac 2, 1-4)*.
- Pour que le pain et le vin deviennent Corps et Sang du Christ, le prêtre prie d'abord l'Esprit Saint .

Pourtant, quand Jésus annonce la nouvelle naissance, Nicodème s'étonne. Nous aurions fait pareil *(Jn 3, 3-4)*.

Jésus insiste. De même, quand Jésus annoncera l'Eucharistie, les Juifs réagiront comme Nicodème *(Jn 6,52-53)*. Et, comme pour Nicodème, Jésus insistera sans prendre de gants .

A propos du baptême, Jésus parle donc sérieusement. Il s'agit de « renaître ». Mais que veut-il dire ?

« René » : ce n'est pas un prénom très employé de nos jours. Il reviendra peut-être un jour à la mode. Pourtant c'est un beau prénom chrétien. C'est même le prénom de tous les chrétiens, « re-nés » de l'eau et de l'Esprit, au jour de leur baptême.

« Renaissances »

Au printemps, chaque année, la nature renaît.

Deux personnes se réconcilient : l'amitié renaît.

Un peuple retrouve sa liberté : il renaît.

Le malade retrouve la santé : c'est comme s'il renaissait !

Sortir de l'alcool ou de la drogue : c'est renaître.

Retrouver une famille, un logement, un emploi : renaissance !

Le matin, quand tu es heureux, tu renais.

Nous n'allons pas tout droit vers le Royaume de Dieu : Royaume de paix, de justice, de fraternité, de vérité. Nous aurions plutôt tendance à lui tourner le dos. Peut-être même avons-nous perdu la trace de ce Royaume. Il faut donc repartir dans une autre direction : il faut renaître.

« Ah! Si Dieu nous donnait ses yeux ! Nous trouverions le chemin du Royaume. »
« S'il nous donnait sa force ! Nous marcherions vers Lui. »
« S'il nous donnait son Esprit ! Nous ferions route ensemble, comme des amis. »

C'est justement ce que Dieu fait. Avec l'Esprit Saint, il nous donne sa lumière et sa force. L'Esprit nous fait goûter le Royaume et, par le baptême, il nous y fait entrer. Nous pouvons choisir d'en sortir mais Dieu sera toujours disposé à nous accueillir de nouveau.

JE SAIS EN QUI JE CROIS

Je crois en l'Esprit Saint qui donne la vie

« RENAÎTRE » ET AVANT ?

Nous avons vécu avant de naître : dans le désir et l'amour de nos parents, dans le corps de notre mère.
De même, avant d'être baptisé, nous avons commencé de renaître dans la foi de nos parents et dans la foi de l'Église : il y a eu un temps de préparation au baptême.
Ceux qui sont baptisés plus tard, parcourent plusieurs étapes sur le chemin du baptême. C'est peut-être le cas pour certains camarades de votre groupe. Ils commencent à renaître.

« RENAÎTRE » ET APRÈS ?

Le baptême n'est qu'une naissance.
Le nouveau-né doit grandir. Les parents nourrissent leurs enfants. Ils les élèvent.
Notre nourriture de baptisés, c'est la Parole ce Dieu et les sacrements : l'Eucharistie, mais aussi la confirmation qui fait du baptisé un adulte dans la foi.

L'EAU ET L'ESPRIT

Pour connaître une ville il faut repérer les carrefours principaux. On y repasse nécessairement. Par exemple : Ezéchiel 36, 24-28
Sans eau, pas de vie. Avec l'eau, tout devient possible.
Sans l'Esprit Saint, nous n'arrivons pas au Roycume. Avec lui, la vie de Dieu grandit en nous.

Si Nicodème accroche, Théophile pourrait le guider dans une randonnée saint Jean, avec comme points de passages : Jean 4,10 ; 7,37-39 ; 9,6-7 ; 19,34. I Jean 5, 6-8 Apocalypse 22, 1-2

Attention ! « Re-naître » : oui. ✔ Retourner en arrière : non. ✘

Le baptême est une nouvelle naissance. L'Esprit Saint nous fait entrer dans le Royaume de Dieu. Ce n'est pas un retour en arrière. Nous ne recommençons pas la même histoire que nous aurions déjà parcourue dans une vie antérieure.
Dieu crée du neuf. Il ne nous fait pas tourner en rond.

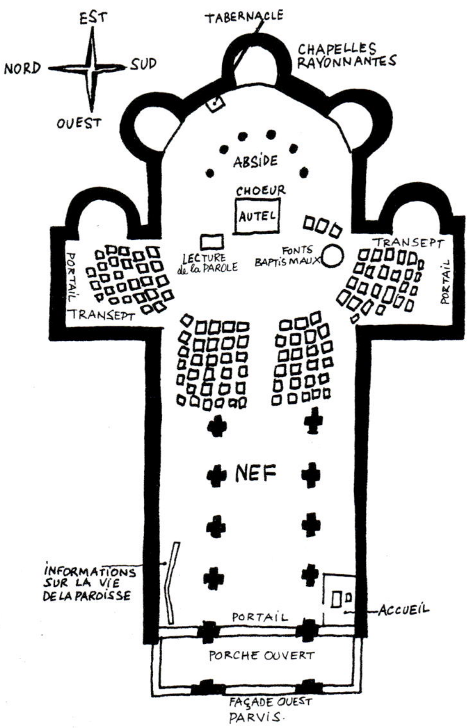

l'Esprit Saint au cœur de l'Église

Une maison ou un appartement finit par ressembler aux gens qui l'habitent. En visitant une église ou plusieurs églises, Nicodème a-t-il des chances de mieux comprendre ce qu'est l'Église ? Réponse : oui. Regardons d'abord le plan d'une église.

Les plans des églises modernes peuvent être très différents mais ils visent les mêmes buts : rassembler les chrétiens dans l'unité et donner une place particulière au Christ, représenté par l'autel.

Si l'Église est un corps, l'Esprit Saint est son cœur.
Si l'Église est une construction, l'Esprit Saint en est le ciment.
Si l'Église est l'épouse du Christ, l'Esprit Saint est l'amour qui les unit.
Si l'Église est une barque, l'Esprit Saint est le vent qui la fait avancer.

Une, sainte, catholique et apostolique : c'est le portrait de l'Église telle que le Christ veut qu'elle soit. Nous sommes loin d'être à la hauteur, mais il ne faut pas renoncer.

« une »	*« un seul Seigneur, une seule foi, un seul baptême » (Ep 4,5)*	*Les divisions*
« sainte »	*« Sainte immaculée (Ep 5, 26)*	*Les fautes des chrétiens*
« catholique »	*« de toutes les nations, faites des disciples » (Mt 28, 19)*	*L'esprit de chapelle, l'esprit de clocher, chacun regardant sa paroisse, son mouvement, son aumônerie*
« apostolique »	*« Qui vous éccute, m'écoute. Qui vous rejette me rejette. » (Lc 10, 16)*	*L'obéissance aujourd'hui n'est pas un mot qui fait recette.*

Les Actes des Apôtres seraient mieux appelés encore les Actes de l'Esprit Saint *(Ac 1, 5)*. Ils commencent par le baptême « dans l'Esprit Saint ». Au jour de la Pentecôte, le même Esprit les fait parler dans toutes les langues. Plus tard, le même Esprit viendra sur des païens comme Corneille. Enfin, c'est par l'Esprit Saint que les apôtres témoignent et décident.

JE SAIS EN QUI JE CROIS

Je crois en l'Esprit Saint qui donne la vie

N. Tu dis que l'Église est sainte ?

T. C'est un mot pour dire Dieu. « Toi seul es Saint, Toi seul es Seigneur ». Nous chantons cela le dimanche. Les premiers chrétiens ne manquaient pas d'audace. Il osaient s'appeler eux-mêmes « les saints » (Actes 9, 13). Ils ne valaient sans doute pas mieux que nous mais ils avaient compris une chose : depuis le baptême, Dieu vivait en eux.

N. Mais l'église du quartier est-elle sainte ?

T. Au moins, Dieu y travaille à faire des saints. Par le baptême : tu as vu la cuve. Par l'eucharistie : tu as vu l'autel. Dans une chapelle de côté, tu as remarqué une lampe. Tu m'as demandé pourquoi elle était là et je t'ai répondu qu'elle signale la présence du Saint Sacrement, le pain consacré à la Messe et devenu le Corps du Christ. Tu as vu aussi les statues des saints : des hommes comme Martin ou des femmes comme Thérèse. Ils nous appellent à les suivre.

N. « Catholique » : là je ne te pose pas la question. Je sais ce que ce mot veut dire. Un catholique, c'est quelqu'un qui croit au pape.

T. Tu vas un peu vite. Les chrétiens croient en Dieu, le Père, le Fils et l'Esprit Saint. Le pape ne se met pas à la place de Dieu. Lui aussi est un disciple de Jésus. Son plus beau titre, c'est d'être « le serviteur des serviteurs de Dieu ». Mais, c'est vrai, les catholiques croient que le pape a un rôle particulier. Sa mission, c'est de faire vivre dans l'unité l'Église ouverte au monde entier. C'est le premier sens du mot « catholique » : universel.

N. A la Mairie en allant chercher des papiers, j'ai vu la photo du Président de la République. A l'église, il n'y a pas la photo du pape. Pourquoi ?

T. Parce que notre « Président » comme tu dis, notre « Seigneur » c'est le Christ.

N. Mais comment le Christ Jésus peut-il diriger son Église aujourd'hui, puisqu'il a quitté cette terre depuis vingt siècles ?

T. Il l'a quittée sans la quitter. Il a donné son Esprit aux apôtres pour qu'ils continuent son œuvre. C'est à dire qu'ils annoncent l'Évangile. L'Église a été fondée sur les apôtres, Pierre en premier. Aujourd'hui les évêques sont les successeurs des apôtres. Par les évêques, l'Église est « apostolique ». Elle reçoit la mission du Christ : « Allez, enseignez, de toutes les nations faites des disciples et baptisez-les au nom du Père et du Fils et du Saint-Esprit ».

Chant

1. *Toi, l'Esprit de Dieu Créateur*
Toi, l'Esprit de Jésus Sauveur,
Toi, l'Amour du Père et du Fils,
Viens Esprit de Dieu.

2. *Toi, la force de nos combats,*
Toi, le souffle de notre foi,
Toi, l'espoir des cœurs abattus,
Viens, Esprit de Dieu.

3. *Toi, le feu de la vérité,*
Toi le vent de la liberté,
Toi, la joie du don de vie,
Viens Esprit de Dieu.

Théophile a aimé

Esprit de Dieu, remplis nos cœurs
Et fais-nous vivre en ton Amour.
Esprit de Dieu, remplis l'Univers,
Le monde a soif de ton Amour.

Esprit de Dieu, viens parmi nous
Nous emporter dans ton élan.
Tu nous envoies aimer les autres,
Ouvre nos cœurs à ton Amour.

Esprit de Dieu, source de vie,
Tu viens répandre ta lumière.
Quand l'homme rêve
d'un monde meilleur,
Enseigne-lui ta Vérité.

d'après M. Debaisieux

Par le bain du baptême, Dieu nous a fait renaître et nous a renouvelés dans l'Esprit Saint.
Cet Esprit, Dieu l'a répandu sur nous avec abondance, par Jésus-Christ notre Sauveur ; ainsi, par sa grâce, nous sommes devenus des justes, et nous possédons dans l'espérance l'héritage de la vie éternelle.

Épître de Saint Paul à Tite 3, 5-7

Question : Où sont-ils les chrétiens ? De toute façon, ils ne sont pas meilleurs que les autres.
Réponse : Curieux ! On voudrait que les chrétiens soient des parfaits...! Des modèles ! Il est totalement exact que les chrétiens ne sont pas meilleurs que les autres !

Le chrétien est poussé par l'Esprit du Christ, éclairé par sa Parole. Il essaie humblement, sans faire le malin, de répandre dans le monde la tendresse qui vient de Dieu. Fatigué et enthousiasmé, faible et ne craignant pas les risques, capable de laideur et de beauté, découragé et fou d'espoir, pécheur et rempli d'amour, isolé et relié, le chrétien tente à travers échecs et réussites de faire jaillir – et ceci dans la banalité des actes quotidiens – toutes les beautés cachées en lui et dans le monde, ces beautés qui viennent de Dieu. C'est ainsi que le chrétien construit un monde nouveau.

Charles Singer - Prière à 12 temps

Le Baptême

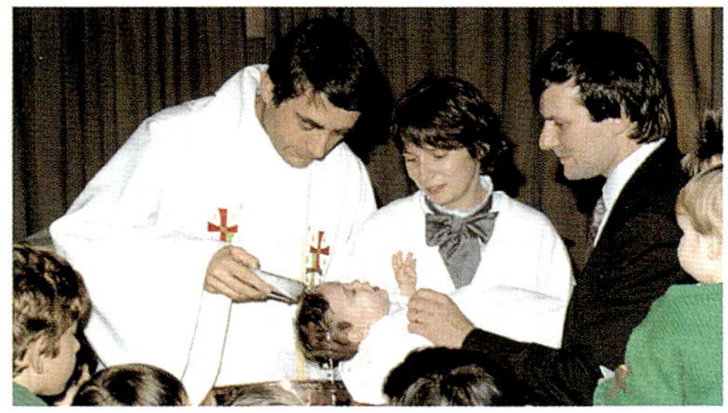

Dans le groupe des Théophile, peut-être l'un ou l'autre se prépare-t-il au baptême ? Par des célébrations organisées spécialement ou comprises dans le programme de l'année, il a déjà franchi ou il franchira plusieurs étapes : présenter sa demande de baptême ; être marqué du signe de la croix ; recevoir le livre de la Parole de Dieu ; prier pour être libérer du mal. Puis vient le baptême lui-même.

LE PRÊTRE BÉNIT L'EAU

« Par ta puissance invisible, Seigneur, tu accomplis des merveilles dans tes sacrements, et au cours de l'histoire du salut, tu t'es servi de **l'eau**, ta créature, pour nous faire connaître la grâce du baptême. »
« Maintenant, Seigneur, regarde avec amour ton Église et fais jaillir en elle la **source du baptême**. Par la grâce de ton Fils, que la puissance de l'Esprit Saint vienne sur cette eau afin que tout homme qui sera baptisé, **enseveli dans la mort avec le Christ, ressuscite avec lui pour la vie**. »

CEUX QUI DEMANDENT LE BAPTÊME PROFESSENT LEUR FOI

Pour vivre dans la liberté de Dieu, rejetez-vous le péché ? ***Oui, je le rejette.***
Pour échapper au pouvoir du péché, rejetez-vous ce qui conduit au mal ? ***Oui, je le rejette.***
Pour suivre Jésus-Christ, rejetez-vous Satan, qui est l'auteur du péché ? ***Oui, je le rejette.***
Croyez-vous en Dieu, le Père tout-puissant, créateur du ciel et de la terre ? ***Je crois.***
Croyez-vous en Jésus-Christ, son Fils unique, Notre Seigneur, qui est né de la Vierge Marie,
a souffert la passion, a été enseveli, est ressuscité d'entre les morts
et qui est assis à la droite du Père ? ***Je crois.***
Croyez-vous en l'Esprit Saint, à la Sainte Église catholique,
à la communion des saints, au pardon des péchés,
à la résurrection de la chair, et à la vie éternelle ? ***Je crois.***

Le baptême

« Nicodème, je te baptise au nom du Père et du Fils et du Saint-Esprit »

Le Saint Chrême

« Dieu votre Père vous marque de l'**huile sainte** pour que vous demeuriez toujours unis à Jésus, prêtre, roi et prophète ».

Le vêtement blanc

« Vous avez été baptisés dans le Christ : vous avez **revêtu le Christ**. »

La lumière

« Vous êtes devenus **lumière dans le Christ**. »

La confirmation

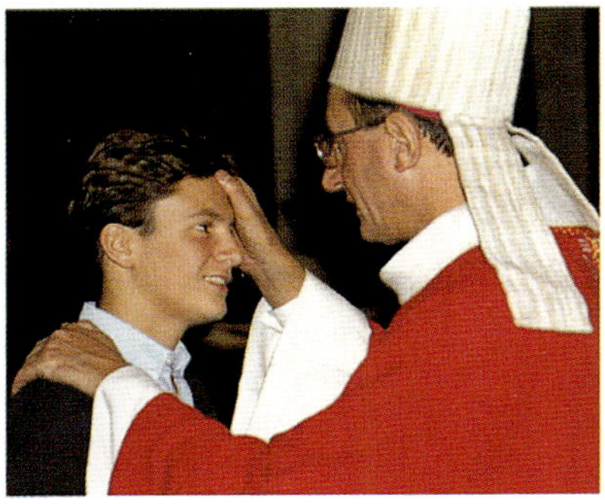

Par ce sacrement, les baptisés sont confirmés dans leur baptême. La confirmation n'est pas réservée à quelques-uns. Un chrétien « ordinaire » est un chrétien confirmé.
D'habitude, c'est l'évêque du lieu qui confirme : c'est lui qui a, en premier, la responsabilité de l'Évangile que les confirmés auront la mission d'annoncer. La célébration prend place dans une Messe.

AU DÉBUT DE LA MESSE

« Accomplis pour nous, Dieu notre Père, ce que tu as promis dans ton amour : que ton Esprit Saint vienne habiter nos coeurs et nous donne la force d'être devant le monde des témoins de l'Évangile du Christ. »
Quand arrive le moment de la confirmation, chacun est appelé par son nom. Ensemble, les confirmands professent leur foi, comme au baptême (voir page 35).

L'ÉVÊQUE ÉTEND LES MAINS SUR LE GROUPE DES CONFIRMANDS

« Dieu très bon, Père de Jésus, le Christ, Notre Seigneur, regarde ces baptisés
sur qui nous imposons les mains.
Donne-leur **en plénitude l'Esprit** qui reposait sur ton Fils Jésus :
esprit de **sagesse et d'intelligence**,
esprit de **conseil et de force**,
esprit de **connaissance et d'affection filiale** ;
remplis-les de l'esprit d'**adoration**. »

L'ÉVÊQUE MARQUE LE FRONT DE CHAQUE CONFIRMÉ AVEC LE SAINT CHRÊME

**« Théophile,
sois marqué de l'Esprit Saint, le Don de Dieu »**

L'ÉVÊQUE DONNE LA PAIX À CHAQUE CONFIRMÉ

PRIÈRE SUR LES OFFRANDES

« Accueille avec bonté, Seigneur, la prière de tes enfants : tu les as **confirmés dans leur ressemblance à ton Fils**, ils vont prendre part à son eucharistie ; donne-leur d'être ses fidèles témoins en écoutant l'Esprit Saint qu'ils ont reçu de lui. »

BÉNÉDICTION FINALE

« **Dieu notre Père** vous a fait renaître par l'eau et par l'Esprit, il a fait de vous ses enfants : qu'il vous garde fidèles à son amour.
Jésus Christ, le Fils unique du Père, a promis que l'Esprit de vérité demeurerait toujours dans son Église : qu'il vous soutienne de sa force et vous aide à proclamer la foi.
L'Esprit Saint a mis dans le coeur des disciples le feu de son amour : qu'il vous rassemble en un seul corps et vous conduise à la joie du royaume de Dieu. »

3 000 adultes baptisés dans la nuit de Pâques

En France, plus de 3 000 adultes sont baptisés chaque année*, la plupart dans la nuit de Pâques. Ils sont presque 10 000 à être en chemin soit vers le baptême soit vers la confirmation et la communion s'ils ont été baptisés tout petits et n'ont, ensuite, reçu aucune formation chrétienne. A peu près le même nombre (10 000), chrétiens de plus vieille date, les accompagnent dans leur découverte.

- Ils viennent de toutes les régions : des villes plutôt que des campagnes.
- Ils sont de tous les milieux sociaux : les plus pauvres y côtoient les plus diplômés.
- Ils sont d'âges variés : même si la dominante est assez jeune (80 % ont moins de 40 ans).
- Ce sont des gens ordinaires et, après leur baptême, ils vont continuer à mener une vie ordinaire : ils ne cherchent pas à se faire remarquer. Ils ne se prennent pas pour les meilleurs chrétiens.

Il faut savoir et faire savoir que :

être baptisé à tout âge,
c'est possible.

C'est le slogan du service qui s'occupe des adultes préparant leur baptême : le catéchuménat.

POURQUOI DEMANDENT-ILS LE BAPTÊME ?

Souvent, ces adultes cherchaient Dieu depuis longtemps. Parfois, ils le priaient sans savoir son nom. Des amis ou une grand-mère, autrefois, leur en avcient parlé mais ils n'étaient pas allés plus loin : souvent parce que, dans leur famille, il n'était pas question de baptême.

Qu'ils y aient pensé autrefois ou que cette idée soit toute nouvelle, pourquoi, un jour, se sont-ils mis sérieusement en route ? Pourquoi ont-ils entrepris une démarche vers l'Église ?
Les occasions sont variées. Voici les principales.

- La rencontre de quelqu'un qui témoigne, simplement, de Dieu et de l'Évangile ; de quelqu'un qui vit sa foi.
- La perspective du mariage. Ceux qui préparent sérieusement leur mariage trouvent toujours, dans leur amour, une occasion de renouveler leur foi. Quand l'un des deux seulement est chrétien, l'autre, par amour pour lui, essaie de comprendre quelque-chose à cette foi qu'il ignore : bien souvent, il (ou elle) « accroche ». Et c'est lui (ou elle) qui réveille la foi de l'autre.
- La demande de baptême et la catéchèse de ses propres enfants.
- Des événements graves de la vie personnelle. Souvent des deuils ou des épreuves. Ces moments obligent à s'interroger et à se demander ce qui vaut vraiment la peine dans la vie.
- Le contact avec des groupes de chrétiens : groupes de prière, groupes d'entraide, groupes de réflexion et d'engagement.

*en 1995.

La communion et la profession de foi

LA PREMIÈRE COMMUNION

Remontons au Moyen Age. Tous les enfants étaient baptisés au berceau. Mais quand pouvaient-ils et devaient-ils communier ? L'Église posait deux conditions qui valent toujours :

- que l'enfant soit suffisamment instruit de sa foi pour distinguer l'eucharistie ;
- que l'enfant se sente responsable de ses actes, capable de bien faire mais aussi de mal faire. La communion allait de pair avec la confession.

A partir du XVIIe une cérémonie particulière accompagnait la première communion. Elle était proposée aux jeunes d'environ 12-14 ans. Les mêmes conditions qu'au Moyen Age étaient exigées. Pour les connaissances religieuses, les enfants passaient un véritable examen. Les parents, les maîtres d'école, les voisins apportaient leur témoignage sur la bonne conduite des enfants.

Dans les derniers jours avant la communion, les enfants se confessaient. Ils demandaient aussi pardon et bénédiction à leurs parents. Les personnes plus riches de la paroisse fournissaient des vêtements aux enfants des familles pauvres. Parfois, ils les invitaient au repas du grand jour.

La première communion se faisait d'habitude juste après Pâques. L'église, et surtout l'autel, étaient magnifiquement ornés. L'église était bondée, en particulier à cause des familles : la première communion ranimait la foi des parents.

LA PROFESSION DE FOI

Tout le monde revenait à l'église l'après-midi pour les vêpres* et l'adoration du Saint Sacrement. C'est dans cette deuxième cérémonie que s'est logée, au XVIIIe siècle, la profession de foi. Les jeunes allaient en procession vers les fonts baptismaux et, là, renouvelaient leurs promesses de baptême comme tous les chrétiens sont invités à le faire la nuit de Pâques. Le rappel du baptême était souligné par le cierge que tenaient les communiants, et par la tenue : les jeunes filles étaient habillées tout en blanc avec un voile sur la tête et les garçons portaient un brassard blanc. Plus récemment, les uns et les autres revêtirent l'aube.

LA COMMUNION "SOLENNELLE"

L'âge de la communion était variable, mais toujours au-delà de 11 ans. Or le pape Pie X, en 1910, demanda de préparer les enfants à la communion dès l'âge de 7 ans, « l'âge de raison ». Ce qui se réalisa, surtout dans les familles plus chrétiennes.
Qu'allait devenir « la communion » ? Elle prit le nom de « communion solennelle » pour la distinguer de la « première communion » ou « communion privée ». Dans la « communion solennelle », l'accent fut mis sur la profession de foi puisque la plupart des enfants communiaient déjà depuis plusieurs années.
La communion solennelle était la fête religieuse la plus populaire. Les familles venaient de loin pour entourer l'enfant qui était le roi de la journée mais aussi pour entourer une table abondamment garnie : les journées de communion solennelle finissaient souvent moins pieusement qu'elles n'avaient commencé.

*Office du soir.

Plus loin que l'espoir, l'espérance

« Espoir » ou « espérance » : pour vous, ces deux mots ont peut-être le même sens. Pourtant, des nuances les distinguent.

- À la fin de ce trimestre, si vous avez travaillé correctement vous avez bon **espoir** de recevoir un bon bulletin : vos parents auront de quoi être contents.

- L'espérance, elle, est une force intérieure. « Vivre dans **l'espérance** », c'est se tourner vers l'avenir et tout faire pour qu'il soit meilleur que le passé. Se résigner, baisser les bras, c'est le contraire de l'espérance.

L'espérance est bien plus audacieuse que l'espoir.
Elle croit en ce qu'elle ne voit pas.
Elle voit plus loin que l'apparence.
L'exemple type est Abraham,

« espérant contre toute espérance »

Romains 4, 18

Quand l'espérance soutient l'espoir

UN EXEMPLE

Vous avez entendu parler de la guerre 39-45. En juin 1940, en quelques jours, l'armée allemande envahit la France, sans rencontrer de gros obstacles. C'est la «débâcle». Seuls, les Anglais tiennent tête aux Allemands. Mais ils sont sur leur île ! **Pas d'espoir**.

Quelques hommes refusent de désespérer. Le plus connu est le général de Gaulle. Il lance un appel à la résistance, sur la radio de Londres, le 18 juin 1940. On lui prête si peu d'attention que son message n'a même pas été enregistré. Et pourtant les magnétophones existaient déjà !

De Gaulle et ses compagnons sont **animés par une espérance** qui paraît folle à l'époque : Hitler ne gagnera pas, la liberté sera reconquise ; la France vivra. Ils étaient fous mais c'était eux qui avaient raison.

Quatre ans plus tard, des dizaines de milliers d'hommes se jetaient à l'assaut des falaises normandes, farcies de blockhaus, de canons et de mines. Ils savent que le danger est immense mais ils sont emportés dans un **élan d'espérance**. S'ils meurent, ce ne sera pas pour rien. Ils auront apporté leur vie pour la Libération.

Prophètes dans la nuit

Les chrétiens n'ont pas inventé l'espérance.
Dieu a commencé d'apprendre l'espérance au premier peuple qu'il a choisi, Israël.
Dans la longue histoire d'Israël – 3 800 ans, entre Abraham et nous –, explorons une époque particulièrement sombre.

Nous sommes au VIe siècle avant Jésus-Christ.
Jérusalem, plusieurs fois, avait repoussé des armées ennemies.
Mais voici un conquérant plus redoutable que les précédents :
Nabuchodonosor, roi de Babylone.
Il prend Jérusalem en 598. Il impose ses conditions. Il déporte une partie de la population, puis se retire.
Quelques années plus tard, il revient.
Il veut en finir avec ce petit peuple qui lui tient tête.
En 587-586, Nabuchodonosor détruit le Temple et supprime carrément le Royaume.
Tout ce qui comptait dans le peuple juif a été déporté à Babylone.

EN DÉPORTATION À BABYLONE, QUELLE EST LA SITUATION ?

Dans le camp des vainqueurs

- Un empire tout-puissant.
- Des jardins splendides et des constructions gigantesques.
- Un souverain puissant entouré de savants et de sages.
- De belles fêtes religieuses en l'honneur de multiples dieux.

Pour les exilés

- Ils sont vaincus
- Ils n'ont plus de Terre.
- Ils n'ont plus de roi.
- Il n'ont plus de Temple. L'Arche d'Alliance a disparu.

Vraiment, on ne donnerait pas cher du petit peuple d'Israël.
Certains se laissent même séduire par la richesse, la culture et la religion de Babylone.

Humainement, tout semble perdu.
Mais Dieu n'a pas abandonné son peuple.
Pour nourrir son espérance, il lui envoie les prophètes.
Entre autres : Ézéchiel.

Ézéchiel, prophete de Noël

Curieux personnage, cet Ézéchiel !
Tant que Nabuchodonosor n'a pas achevé la conquête du pays, Ézéchiel s'acharne à montrer qu'il n'y a plus d'espoir : la chute de Jérusalem est inévitable.
Vous pouvez vérifier : Ézéchiel 5, 1-3 ; Ézéchiel 12, 1-11 ; Ézéchiel 24, 15-24.

Ézéchiel apparaît comme un « prophète de malheur ». Pire : un défaitiste. Un autre prophète authentique va dans le même sens que lui : Jérémie. Il est menacé de mort.

Mais quand l'espoir s'est effondré, les prophètes Jérémie et Ézéchiel ressuscitent l'espérance dans le peuple des déportés.

- *Les chefs du Peuple n'avaient pas été à la hauteur.*
  Dieu viendra lui-même prendre la tête de son Peuple.
  Il en sera le Pasteur (Éz 34).
- *Dans son exil, Israël ressemble à une vallée où s'entasseraient les ossements de voyageurs égarés. Dieu rassemblera les ossements, rebâtira les corps et leur redonnera le souffle de vie (Éz 37).*
- *Le Temple a été détruit. Quand le Peuple rentrera d'exil, un nouveau Temple sera construit, où Dieu reviendra (Éz 40 - 43).*
- *Une eau intarissable coulera de la colline du Temple.*
  Le flot ira grossissant au fur et à mesure qu'il s'éloignera de sa source.
  Il arrivera jusqu'à la Mer Morte et lui rendra la vie (Éz 47).
- *Jérusalem a été dévastée par Nabuchodonosor.*
  Une nouvelle Jérusalem sera construite, plus vaste, plus belle.
  Elle recevra comme nom : « Le Seigneur est là ».
  C'est la dernière phrase du livre : c'est une belle parole d'espérance (Éz 48, 35).

Sur quoi repose l'espérance d'Ézéchiel ? Sur l'initiative de Dieu. Dieu ne laissera pas indéfiniment son Peuple en exil. Il le sauvera. Effectivement, cinquante ans plus tard, le Peuple revient sur sa Terre et reconstruit son Temple.

Quel rapport avec Noël ? Noël se fête au moment de l'année où les nuits sont les plus longues. Au milieu de la nuit, Dieu fait lever sa lumière : c'est le Christ. Au petit matin de Pâques, la lumière du Ressuscité l'emportera sur l'obscurité de la mort.
Le disciple de Jésus prend, dès aujourd'hui, le parti du Christ vainqueur. En attendant que sa lumière inonde toute la Jérusalem céleste. Mais n'allons pas trop vite. Ce sera pour la page 68.

Chant

Refrain : Réveille ta puissance,
Seigneur, viens nous sauver :
Fais luire ta présence, révèle ta bonté !

1 Regardons les hauteurs
Où bientôt paraîtra le Sauveur.
Le Sauveur, c'est notre Dieu,
Créateur de la terre et des cieux.

2. Notre Dieu ne dort pas ;
Il écarte du mal tous nos pas ;
De sa force, il nous rend forts,
Car il est notre seul protecteur.

3. Le Seigneur sur nos vies
Veillera sans repos jour et nuit,
Jusqu'à l'aube de ce jour
Où nous célébrerons son Retour.

4. Les captifs reviendront
Et la joie brillera sur leurs fronts.
La cité du Dieu vivant
A jamais s'emplira de leurs chants.

Théophile a aimé

Mais l'espérance, dit Dieu, voilà ce qui m'étonne
Moi-même.
Ça c'est étonnant.
Que ces pauvres enfants voient comment tout ça se passe et qu'ils croient que demain ça ira mieux.
Qu'ils voient comment ça se passe aujourd'hui et qu'ils croient que ça ira mieux demain matin.
Ça c'est étonnant et c'est bien la plus grande merveille de notre grâce.
Et j'en suis étonné moi-même.
Et il faut que ma grâce soit en effet d'une force incroyable...

Ce qui m'étonne, dit Dieu, c'est l'espérance.
Et je n'en reviens pas.
Cette petite espérance qui n'a l'air de rien du tout.
Cette petite fille espérance.
Immortelle...
La foi est une Épouse fidèle.
La charité est une Mère..
L'Espérance est une petite fille de rien du tout.
Qui est venue au monde le jour de Noël de l'année dernière...
La petite espérance s'avance entre ses grandes sœurs.
Celle qui est mariée, et celle qui est mère...

Le peuple chrétien ne voit que les deux grandes sœurs, n'a de regard que pour les deux grandes sœurs.
Celle qui est à droite et celle qui est à gauche.
Et il ne voit quasiment pas celle qui est au milieu.
La petite, celle qui va encore à l'école.
Et qui marche.
Perdue dans les jupes de ses sœurs.
Et il croit volontiers que ce sont les deux grandes qui traînent la petite par la main...

Mais c'est elle, cette petite qui entraîne tout.

d'après Charles Péguy

Cette espérance qui nous fait vivre,
nous la partageons, Seigneur.
Car tu nous appelles à faire briller ta lumière aux yeux de tous, et à semer l'union autour de nous.
Cette espérance qui nous fait vivre,
c'est elle qui nous conduit sur la longue route des hommes,
lumière dans nos ténèbres, étoile qui nous guide.
C'est elle qui nous fait marcher vers demain,
qui nous rassemble pour faire Église,
pour construire avec toi un monde nouveau,
où amour et vérité se rencontrent,
justice et paix s'embrassent.
Cette espérance qui est en nous,
c'est toi Seigneur qui nous la donnes.
Seigneur, accompagne nos prières
et viens habiter nos coeurs,
pour que jaillisse en nous et autour de nous
l'espérance de ton Fils ressuscité.
Oui Seigneur, apprends nous à savoir
communiquer cette espérance qui est en nous.

Compiègne - Conseil pastoral des jeunes 1990

PLUS LOIN QUE L'ESPOIR, L'ESPÉRANCE

Saint Paul, champion de l'espérance

Théophile est maintenant devenu familier de la Bible. Il ne confond plus l'Ancien et le Nouveau Testament. Il sait qu'après les quatre Évangiles se trouvent les Actes des Apôtres, puis les «épîtres». La plupart des épîtres viennent du même auteur : saint Paul.

A la Messe du dimanche, la deuxième lecture est tirée le plus souvent des lettres de saint Paul : mais jusqu'ici, Théophile n'y a peut-être pas prêté attention.

Pour suivre leur deuxième itinéraire de découverte, Théophile et son ami Nicodème vont se mettre à la suite de saint Paul. Avec eux en ce début d'année, nous allons faire connaissance avec lui.

Pour l'expérience chrétienne, c'est un expert.
Nous verrons pourquoi.
Mais d'abord, qui est-il ?

Paul a trouvé plus fort que lui

Paul est un converti d'après la Pentecôte. Il n'était pas disciple de Jésus dans le temps de sa vie terrestre. Tout au contraire.

Avant sa conversion, Paul était un homme d'une trentaine d'années, instruit et sûr de lui. Né en dehors de la Terre Sainte, il était citoyen romain mais il appartenait au peuple d'Israël. Il était particulièrement ardent en ce qui concernait la religion de son peuple. Il n'avait sans doute jamais rencontré Jésus. En tout cas, il ne croyait pas en lui. Il était même convaincu que ses disciples devaient être éliminés, comme Jésus lui-même avait été éliminé.

Paul est donc en route vers Damas, pour y mettre en prison les disciples de Jésus qui s'y trouvent. Nous sommes sans doute en 36 ou 37 après Jésus-Christ, trois ou quatre ans après la Pentecôte.

Que se passe-t-il sur la route de Damas ?
Quatre récits nous en sont conservés, trois dans les Actes des Apôtres, un dans une lettre de Paul*. C'est un signe de l'importance qu'a cet événement pour Paul lui-même mais aussi pour toute l'Église. Comme les quatre évangiles qui parlent chacun de Jésus, mais sur quatre tons différents, ces récits se recoupent sans se répéter .

ALLONS VOIR LES ACTES DES APÔTRES,
LISONS AU CHAPITRE 9 LES VERSETS 1 À 30

Pour partir visiter ces textes, voici quelques repères.

- Paul est sur une route, comme les « pèlerins d'Emmaüs ». Ceux-ci étaient déçus. Paul est carrément hostile. Dans les deux cas, que se passe-t-il ?
- Nous sommes après l'Ascension : le Christ ne se manifeste plus comme avant. Il n'est plus question de manger avec lui comme à Emmaüs. Comment le Christ glorieux et ressuscité se manifeste-t-il à Paul ?
- Le Christ s'adresse à Paul par une question. Ce qui est habituel dans l'Évangile. Pourquoi Jésus commence-t-il toujours par une question ?

*Ac 9, 1-19 ; 22, 5-16 ; 26, 10-18.
Ga 1,12-17.

- Le Christ vit dans son Église : persécutant l'Église, Paul persécute le Christ lui-même.
- D'habitude, Paul est représenté sur un cheval or « le cheval » n'est pas dans le texte. Mais il est vrai que Paul est secoué physiquement. Il tombe et devient aveugle.
- Paul ne résiste pas à l'appel. Il ne met pas de condition. Il répond par une question modeste et réaliste : que dois-je faire ?
- Jésus annonce à Paul sa mission auprès des païens. Paul était tout préparé pour être un pont entre Israël et les païens.
- La scène ne s'achève pas sur la route. Paul est envoyé par le Christ à l'Église de Damas qu'il était venu persécuter. C'est dans l'Église que Paul est baptisé puisque, depuis la Pentecôte, personne ne devient chrétien « sans renaître de l'eau et de l'Esprit » (voir page 30). Alors, il retrouve la vue.
- Les compagnons de Paul se rendent compte de quelque chose mais Paul est le seul à entendre le message. Il en est ordinairement ainsi quand quelqu'un se convertit au Christ : l'entourage se rend compte que quelque chose se passe, mais sans bien comprendre.

Théophile et son ami Nicodème sont, eux aussi, appelés à se convertir, même si Théophile est plus avancé que Nicodème. L'exemple de Paul peut-il leur servir ? Qu'ils en discutent.

Une chose est sûre : Paul nous ouvre un chemin d'espérance. Il semblait buté dans son opposition au Christ et voici qu'il devient disciple. Car « rien n'est impossible à Dieu » (Lc 1,37 ; Lc 18,27). Les miracles manifestent la puissance divine de Jésus. A Cana, il convertit l'eau en vin. Mais le miracle qu'il préfère, c'est la conversion de l'homme.

Dieu avait annoncé par le prophète Ézéchiel

« J'enlèverai leur cœur de pierre et je leur donnerai un cœur de chair ».

Ézéchiel 36, 26

L'exemple de Paul prouve que Dieu dit vrai. Il ne faut jamais désespérer : tout homme peut, à un moment de sa vie, découvrir le Christ, croire en lui, aimer dans la force de son Esprit.

Un homme qui ne se laisse pas abattre

La vie de saint Paul fut prodigieuse.
Pour mieux le connaître, ne manquez pas l'occasion de lire un livre, de regarder une vidéo ou de feuilleter une B. D.

Évidemment, rien ne vaut le contact direct avec saint Paul, dans ses lettres.
On y sent sa passion de l'Évangile et son amour pour tous ceux à qui il a été envoyé prêcher cet Évangile.

La vie de saint Paul ne fut pas de tout repos. Il a connu des difficultés de toutes sortes.

- Il est Juif, mais les Juifs le rejettent *(II Co 11,22).*
- Il a annoncé l'Évangile du pardon et il s'aperçoit que les chrétiens se déchirent entre les partisans d'un tel et les partisans d'un autre *(I Co 3,1-9).*
- Il a beaucoup circulé autour de la Méditerranée pour fonder des communautés. Mais quelques mois ou quelques années après son passage, la foi diminue et les nouveaux chrétiens reviennent à leurs anciennes croyances ou à leurs vieilles pratiques.
- Parmi ceux qui l'ont aidé dans son travail d'apôtre, plusieurs se sont retournés contre lui ou l'ont abandonné (II Tm 4,16).
- Lui-même s'est battu toute sa vie contre une difficulté personnelle : il aurait bien voulu en être délivré, mais Dieu lui dit :

«Ma grâce te suffit»
II Corinthiens 12, 7-9

Avec tous ces échecs, Paul aurait pu être déçu. Or il n'en est rien. Parlant des apôtres et de lui-même, il se décrit ainsi :

«Pressés de toutes parts, mais non pas écrasés ;
ne sachant qu'espérer, mais non désespérés ;
persécutés, mais non abandonnés.»
II Corinthiens 4, 8-9

«On nous prend pour des gens tristes, nous qui sommes toujours joyeux ;
pour pauvres, nous qui faisons tant de riches ;
pour des gens qui n'ont rien, nous qui possédons tout».
II Corinthiens 6, 10

Qu'est-ce qui fait courir saint Paul ?

Saint Paul est un coureur de fond.Il a en lui un scuffle qui est l'Esprit Saint.
Il est le champion de l'espérance, parce que Dieu est maître de l'impossible. Il l'a prouvé en faisant de lui, l'ancien persécuteur de l'Église, son apôtre le plus efficace.

Dans ses luttes de chaque jour, l'espérance de Faul ne se dément pas. Elle se renforce plutôt. Mais quelle est cette espérance ? Elle est aussi vaste que le monde.
Paul regarde toujours de plus en plus vers l'aven r, vers le Christ qu'il va rencontrer, face à face, par-delà sa mort.

« Je vais droit de l'avant, tendu de tout mon être, et je cours vers le but, en vue du prix que Dieu nous appelle à recevoir là-haut, dans le Christ Jésus »
Philippiens 3, 14

- Pour lui-même, saint Paul est sûr que Dieu ne l'abandonnera jamais durant sa vie sur terre.

ALLONS VOIR LA DEUXIÈME ÉPÎTRE À TIMOTHÉE, LISONS AU CHAPITRE 4 LES VERSETS 17 À 18

- Même la mort n'est pas une rupture avec Dieu *(Ph 1, 23)*.
- L'Évangile continue de se répandre et de porter des fruits *(Col 1, 5-6)*.
- Pour son peuple d'origine, Israël, saint Paul est sûr que Dieu ne l'a pas rejeté et que ses frères juifs, un jour, reconnaîtront Jésus ccmme leur Seigneur *(Rm 11, 11-15)*.
- L'humanité n'est pas destinée à sombrer dans la mort. Le Christ ressuscité ressuscitera tous ses frères humains *(I Co 15, 20-22)*.
- C'est la création tout entière qui est promise à entrer dans la lumière de Dieu. Saint Paul dit qu'elle aussi sera « sauvée » *(Rm 8, 19-25)*.
- Saint Paul avait de grandes qualités, mais sans doute aussi de grands défauts. Il nous donne un formidable message d'espérance : ce que j'ai fait, ce que je suis, c'est Dieu qui l'a réalisé *(I Co 15, 10)*. Faites donc confiance à Dieu : il vous rendra capables de l'impossible.

Théophile a aimé

Saint Paul écrit aux Philippiens les raisons qui le poussent à agir et à espérer.

Je ne prétends pas avoir déjà atteint le but, ou être déjà devenu parfait. Mais je poursuis ma course pour m'efforcer d'en saisir le prix, car j'ai été moi-même saisi par Jésus-Christ. Non frères, je ne pense pas avoir déjà obtenu le prix ; mais je fais une chose : j'oublie ce qui est derrière moi et m'efforce d'atteindre ce qui est devant moi. Ainsi je cours vers le but afin de gagner le prix que Dieu, par Jésus-Christ, nous appelle à recevoir là-haut.

Epître aux Philippiens 3, 12-14

Pendant la dernière guerre, Anne Franck, jeune fille juive, est obligée de se cacher. Elle confie à un journal intime tout ce que lui inspire les événements de sa vie. Avec sa famille, elle est arrêtée et déportée dans un camp de concentration où elle mourra. Elle avait 16 ans.

Je ne pense plus à la misère, mais à la beauté qui survivra. Voilà la grande différence entre Mère et moi. Quand on est découragé et triste, elle conseille :« Pensons aux malheurs du monde, et soyons contents d'être à l'abri ! » Et moi, je conseille : « Sors, sors, dans les champs, regarde la nature et le soleil, va au grand air et tâche de retrouver le bonheur en toi-même et en Dieu. Pense à la beauté qui se trouve encore en toi et autour de toi, sois heureuse ! ».

A mon avis, le conseil de Mère ne mène à rien, car que faut-il faire quand on se trouve dans le malheur ? N'en pas sortir ? Dans ce cas, on est perdu. Par contre, je trouve qu'en se tournant vers ce qui est beau — la nature, le soleil, la liberté, la beauté en nous — on se sent enrichi. En ne perdant pas cela de vue, on se retrouve en Dieu, et l'équilibre vous revient.

Celui qui est heureux peut rendre heureux les autres. Celui qui ne perd ni courage ni confiance ne périra jamais par la misère !

A toi,

Chant

Quand les montagnes s'éloigneraient,
Quand les collines chancelleraient,
Quand les montagnes s'éloigneraient.
Dieu fera tout comme il promet.

Mon amour, oui mon amour
ne s'éloignera pas de toi (bis).

Dieu Très Haut et Très Glorieux,

Viens éclairer les ténèbres de mon coeur.

Donne-moi une foi droite,

Une espérance solide,

Une charité parfaite.

Donne-moi de sentir, de comprendre,

Afin que je puisse accomplir

Ta volonté sainte

Qui ne saurait m'égarer.

Amen

Saint François d'Assise

PLUS LOIN QUE L'ESPOIR, L'ESPÉRANCE

Quand le mal nous frappe

Comment saint Paul faisait-il pour être aussi confiant ? Le monde allait-il bien au temps où il vivait ? N'a-t-il jamais connu les catastrophes et les guerres, la maladie, la misère et la mort ?

Théophile guide son ami Nicodème à travers le pays de la foi et de l'espérance. Mais Nicodème pourrait lui dire : « Il est joli, ton pays. L'ennui, c'est qu'il n'existe pas. C'est un parc de loisirs, un monde de rêve. La réalité est bien différente ». Dans un monde où le mal est tellement fort, comment croire en Dieu « le Père tout puissant » ? Est-il tout puissant, celui qui laisse faire tant de mal ? Quant aux hommes, ils peuvent devenir des monstres. A désespérer !

Job : la confiance malgré tout

Non, le désespoir n'est pas fatal !

Tous les hommes et toutes les femmes de la Bible se sont affrontés au mal.

Depuis les premiers nommés : « Adam » et « Eve ».

Tous ont vu la violence et l'injustice.

Et, pourtant, ils ont cru en Dieu.

Ils ont placé en Dieu leur espérance.

Ils ont cru que Dieu, finalement, serait vainqueur du mal.

Un livre entier de l'Ancien Testament est spécialement consacré à la question du mal. Il ne la résout pas. C'est le livre de Job.

Job était un homme juste et riche. Pour lui, tout allait bien. Mais, sans qu'il ait commis aucune faute spéciale, Dieu permet que tombent sur lui toutes sortes de malheurs : il est ruiné, ses enfants meurent, lui-même est atteint d'une maladie qui le couvre de plaies sur tout le corps. C'est pourquoi, il est toujours représenté en train de se gratter avec un morceau de poterie *(Jb 2, 8)*. Tout cela arrive par l'intervention de Satan mais avec la permission de Dieu, dit le début du livre *(Jb 1 et 2)*.

La femme de Job lui suggère de maudire Dieu qui l'a si bien abandonné. Job ne cède pas à la tentation de maudire Dieu mais les 40 chapitres qui suivent sont une longue plainte de Job qui se révolte contre son mal et refuse toute explication *(Jb 30, 20-21 et 26)*.

Job est profondément croyant. Pas un instant, il ne doute de l'existence de Dieu mais il se demande si Dieu l'oublie ou le persécute. Job sait que Dieu ne le punit pas, car il vit selon la Loi de Dieu. La souffrance de Job est un grand point d'interrogation. Les amis qui l'entourent ne savent pas lui répondre.

Puisque personne ne sait bien parler de Lui au ma heureux Job, Dieu lui-même va s'adresser à Job *(Jb 38 à 41)*. Il lui montre la grandeur et l'intelligence de la création. Dieu n'explique pas à Job pourquoi il souffre. Il lui demance seulement de ne pas perdre confiance. Ayant entendu la parole de Dieu, Job se taît et s'en remet à Dieu *(Jb 42, 1-6)*. Il fait acte d'espérance en quelques paroles très fortes sur la résurrection. Le livre finit bien : Job retrouve le bonheur.

Le livre de Job est écrit quelques siècles avant le Christ. Il ne prétend pas « résoudre » le problème du mal, le faire disparaître. Toute notre vie, nous buterons sur le mal. Quand arrive un malheur, nous sommes encore plus scandalisés aujourd'hui car notre pouvoir sur le monde est plus large qu'autrefois.

Le livre de Job annonce déjà l'Évangile et la venue de Jésus. Dieu s'adresse directement à Job ; il ne le laisse pas seul dans son malheur, ses révoltes et les raisonnements de ses amis. Dans l'Évangile, nous voyons Dieu qui vient dans ce monde marqué par le malheur. Nous le voyons partager notre malheur jusqu'au point de passer par la croix. Mais le malheur n'aura pas le dernier mot. Le Christ est ressuscité *(Jb 19, 23-27)*.

Les chrétiens ne sont pas insensibles au mal. La souffrance existe bel et bien.
Les explications ne servent pas à grand chose. Dieu nous donne sa présence et une espérance : c'est encore plus importantqu'une explication.

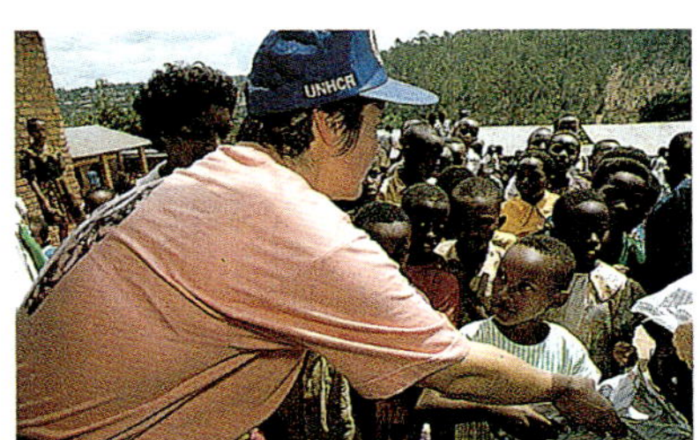

Le mal qui frappe Jésus

Jésus n'a pas regardé froidement la souffrance des autres. Il a été lui-même soumis à l'épreuve du mal. Nous pensons bien sûr à sa mort sur la croix. Mais la vie de Jésus a été souvent difficile :

- Il vient au monde hors de sa maison et il doit être évacué vers l'Égypte pour échapper aux soldats d'Hérode.
- Il connaît les fatigues ordinaires d'une vie surchargée.
- Il est incompris par sa famille et les gens de son village.
- Il est suspect aux yeux des autorités juives.
- A plusieurs reprises ses ennemis lui tendent un piège.
- Il voit beaucoup de ses disciples l'abandonner.
- Il échoue dans l'appel qu'il adresse à certains.
- Il comprend que son pays (Israël) et sa ville (Jérusalem) seront détruits : il pleure sur Jérusalem.

Plus Jésus avance dans son ministère, plus l'hostilité se renforce. Jésus accepte et annonce son échec apparent, sa souffrance, sa mort. Nous savons qu'il fut trahi par un des Douze qu'il avait choisis comme apôtres. Il est renié par un autre.

N'allez pas croire que Jésus soit resté insensible devant ce mal qui tombe sur lui. Il ne cache pas son angoisse à l'heure de la Passion *(Jn 12, 27; Mt 26, 38 ; Lc 22, 44)*.

Et pourtant, Jésus aurait pu échapper à la souffrance et à la mort.

- Au moment de son arrestation il dit que son Père pourrait mettre à sa disposition « des légions d'anges » *(Mt 26, 53)*.
- Sur la croix les passants le provoquent et lui disent « Si tu es le fils de Dieu, descends de la croix » *(Mt 27, 40)*. Effectivement, il le pouvait.

Jésus nous laisse avec nos questions et nos scandales devant la souffrance et le mal. Il nous y laisse, mais ne nous y laisse pas seuls : il y est avec nous. S'il est avec nous, nous ne serons pas écrasés. Rappelez-vous les apôtres dans la barque, la nuit de la tempête.

Jésus en face du malheur des autres

Si c'était nous qui gouvernions le monde, tout irait mieux :

- les méchants seraient punis,
- les bons seraient heureux.

Les bons : c'est-à-dire nous, évidemment.
Or il n'en est pas ainsi :
Job est un bon.
Pourtant, il est atteint par le malheur.
Il voudrait comprendre.
Et Dieu lui dit seulement :« Aie confiance, je suis plus fort que la mort ».

LE MAL : QU'EN PENSE JÉSUS ?

Comme les amis de Job, beaucoup de gens au temps de Jésus pensaient que les malheurs tombaient toujours sur les mauvais. Jésus dit nettement le contraire.

Accident à Jérusalem. Une tour s'effondre : 18 morts *(Lc 13, 4)*.
Jésus dit : ils n'étaient pas plus pécheurs que les autres habitants de Jérusalem *(Jn 9, 2)*.

Un homme est né aveugle. Aurait-il péché, lui ou ses parents ?
Jésus dit : fausse piste.

Dieu ne devrait-il pas réserver son soleil et sa pluie aux seuls justes ?
Jésus dit : soleil et pluie sont donnés à tous, sans distinction *(Mt 5, 4-5)*.

LE MAL : QUE FAIT JÉSUS ?

Un homme a été blessé sur la route de Jéricho – Jérusalem. Jésus donne en exemple un Samaritain qui, passant par là, prend en pitié le blessé et s'occupe de lui sans se poser de questions. Le Samaritain, c'est Jésus lui-même *(Lc 10, 29-37)*.

A Naïm, une veuve a perdu son fils, son unique fils *(Lc 7, 11-17)*.

Personne ne demande rien à Jésus. Mais Jésus voit le malheur de cette femme et lui rend son fils vivant.

Jésus est assailli de toutes parts, on lui amène les malades et ceux qui sont soumis à des forces mauvaises. Il ne les repousse pas. Il ne fait pas le tri entre les bons et les mauvais. Il guérit ; il libère *(Mt 8, 16-17)*.

Avec le Christ, lutter contre le mal

Ce n'est ni en une semaine, ni en deux, que nous viendrons à bout de cette question : pourquoi tant de mal ? Nous n'en viendrons même jamais à bout. Elle durera jusqu'à la fin des temps.

Mais les Théophile ont quelque chose à faire. Jésus n'est pas resté sans rien faire.

- Il a guéri des malades.
- Il a éclairé ceux qui venaient l'écouter.
- Il a nourri la foule.
- Il est allé à la rencontre de ceux qui étaient « mal vus », comme Matthieu, Zachée ou les publicains.

Qu'allons-nous faire ? Des miracles ? Sans doute pas.
Mais entre Théophile et Nicodème, il serait intéressant d'échanger sur ces questions :

– Que voulons-nous faire dans la vie ?
– Que voulons-nous faire de notre vie ?

Certes, il est un peu tôt pour décider de notre avenir.
Jésus lui-même a dit : « à chaque jour, suffit sa peine ».
A chaque année aussi. Mais si nous voulons ne pas nous perdre, il faut regarder plus loin que le bout de nos pieds.
Il vaut la peine d'être ambitieux,
pour soi, et pour les autres.

Nous avons croisé sur la route un homme qui a vécu pour les autres : saint Paul

« Je me suis fait tout à tous »
I Corinthiens 9, 22

Depuis 2000 ans, l'Église n'est pas restée inactive. Il y a des pages sombres dans l'histoire de l'Église. Mais combien d'hommes et de femmes, combien de communautés, siècle après siècle, se sont levés pour lutter contre toutes les formes du mal !
Regardez les saints. Il ne s'agit pas de les copier. Mais nous pouvons être animés du même souffle qu'eux. Un sacrement nous est proposé pour vivre dans le souffle de l'Esprit Saint : c'est la confirmation.

* voir page 36

Devant la mort, le Christ est avec nous

Dans le pays de Théophile, Nicodème a déjà repéré des panneaux indicateurs. Ils ne mènent pas à des monuments historiques. Ils signalent les trésors les plus précieux de l'Église : les sacrements.

Parmi eux, un peu caché parce qu'il évoque la maladie et la mort, un panneau porte les mots : « Sacrement des malades ».*
Théophile et Nicodème n'en ont jamais entendu parler. Mais comme ils sont curieux, ils interrogent.
Quand ils repartent, ils ont toujours un peu peur parce qu'ils ont entendu les mots « maladie grave », « vieillesse », « mort ».

Mais ils ont retenu ce qu'un malade leur a dit. « Depuis que je me prépare à recevoir ce sacrement, c'est comme si Jésus me disait :

"J'ai connu l'angoisse devant la mort.
Je suis passé par la mort, mais je suis vivant.
Pensez-vous que je vais laisser mes amis tout seuls dans cette épreuve ?
Non, bien sûr !
Je viens vers eux par un sacrement spécial : le sacrement des malades.
Pour leur redonner force et confiance.
Je suis la résurrection et la vie.
Je suis avec eux dans la maladie, la souffrance et la nuit.
Ils seront avec moi dans la Vie Éternelle. »

De retour sur leurs chemins habituels, Théophile et Nicodème retrouvent des visages connus, des gens qui vont et viennent à leurs affaires. Ils se disent :« Jésus est avec eux, même s'ils n'y pensent pas. Mais il est aussi avec ceux que nous ne voyons pas dans les rues, parce qu'ils ne sortent plus, qu'ils sont trop malades ou trop vieux.
Comment leur faire savoir la Bonne Nouvelle ? »

* Comme ce sacrement est donné par une onction d'huile, le vrai nom du sacrement est « onction des malades »

Théophile a aimé

Chant

Refrain : Il n'a pas dit que tu coulerais
Il n'a pas dit que tu sombrerais
Il a dit : allons de l'autre bord

1. Si la mer se déchaîne, si le vent souffle fort.
Si la barque t'entraîne, n'aie pas peur de la mort (bis)

2. Si ton coeur est en peine, si ton corps est souffrant,
Crois en Jésus, Il t'aime, Il te donne la paix (bis).

3. Si un jour sur ta route, tu rencontres le mal,
Ne sois pas dans le doute, Dieu aime ses enfants (bis).

J'ai souvent peur, Seigneur,
peur de la nuit, du froid, de l'avenir,
de tout et de rien.
Je ne sais pas pourquoi.
Mais je crois en toi,
j'ai confiance en toi,
et si parfois j'ai peur,
même du bonheur,
je sais que je peux compter sur toi :
tu m'aideras.

Prier n° 54

Dieu est amour. Pourtant il y a le Rwanda et le sort abominable des réfugiés. Dieu est amour et il y a la Bosnie. Dieu est amour et des enfants sont tués en voiture. Ce n'est pas explicable rationnellement. Dieu est amour au-delà de tout cela.
Il y a, c'est vrai, un mystère de la souffrance. Comme tout le monde, je reste sans réponse devant la mort des innocents. Mais faut-il pour autant renoncer à l'Évangile ? Croire à l'Évangile, c'est déjà aimer et espérer. Même si je doutais de tout, je croirais encore à l'Évangile.

Michel Serrault
« Le cri de la Carotte » 1995.

Dieu n'est pas venu supprimer la souffrance.
Il n'est pas venu l'expliquer,
Il est venu la remplir de sa présence.

Paul Claudel

1. Au plus profond de la nuit,
Seigneur, apprends-nous à prier. (bis)
A remettre notre volonté
Comme toi-même tu le fis (bis)

2. Au plus profond de la nuit,
Seigneur, apprends-nous la confiance (bis)
Dans le combat.
L'espérance, même si tous nous renient (bis)

PLUS LOIN QUE L'ESPOIR, L'ESPÉRANCE

Vaincre le mal qui est en nous

«Le mal» : le mot est bref mais il a plusieurs sens.
«Je me suis fait mal», «j'ai mal fait». Les mots sont les mêmes ; le sens est bien différent.

Théophile et son ami Nicodème ont compris que Jésus ne les laisserait pas seuls dans la souffrance. Mais le mal qu' est au coeur de l'homme, comment Jésus pourrait-il le guérir ? Si j'ai mal agi, c'est à moi de réparer : qu'est-ce que Dieu pourrait y faire ? N'est-ce pas à chacun de prendre ses responsabilités, à chacun de rendre compte de ses actes ?
Serais-je donc tout seul devant mes fautes, dans mes fautes ?

Caïn : la jalousie qui tue

Pour désigner le mal qui est en l'homme, l'Écriture parle du péché. L'histoire du péché commence presque en même temps que l'histoire humaine et elle ne s'achèvera pas avant la fin des temps.

Ce n'est pas Dieu qui fabrique le péché. Il n'est pas responsable du péché. Mais c'est Dieu qui révèle la profondeur du péché et qui guérit l'homme pécheur.

Durant les années précédentes, Théophile a sans doute réfléchi sur le chapitre 3 de la Genèse : l'origine du péché dans le couple Adam et Eve. Théophile pourrait y retourner voir et faire visiter ce trésor à son ami Nicodème.

Avançons de quelques pages dans la Bible. Nous rencontrons deux frères : Caïn et Abel.

ALLONS VOIR LE LIVRE DE LA GÉNÈSE,
LISONS AU CHAPITRE 4 LES VERSETS 1 À 16

- Pourquoi Dieu préfère-t-il l'offrande d'Abel ? L'Écriture ne le dit pas.
  Nous sommes sûrs simplement que Dieu n'est pas injuste.
- Quel est le péché de Caïn ? Il laisse monter en lui la jalousie et la haine au lieu de se réjouir avec son frère et pour son frère. Si Caïn était vraiment désintéressé, il ne reprocherait pas à Dieu de préférer son frère.
- Dieu avertit Caïn du danger qu'il court. Le péché n'a pas encore triomphé en Caïn. Avec l'aide de Dieu, Caïn pourrait en triompher. C'est le moment de la tentation. Pourquoi Caïn ne demande t-il pas à Dieu la force de la repousser ?
- La haine que Caïn porte en lui-même se traduit dans des actes de mort. Le meurtre est prémédité. C'est le contraire de ce que Dieu commandera en donnant la Loi : « Tu ne tueras pas ». Plusieurs histoires bibliques montrent que la jalousie et le désir de posséder mènent au meurtre de l'autre : David *(II Samuel (11, 14-15)*
  Achab *(I Rois 21, 1-16)*

Saint Jacques résume cette situation.

« Vous convoitez et ne possédez pas ?
Alors, vous tuez.
Alors vous bataillez et vous faites la guerre. »

Jacques 4, 2

- Après son péché, Dieu n'abandonne pas Caïn. Il vient le retrouver, comme il est venu rechercher Adam et Eve au jardin. Caïn se dérobe, comme Adam et Eve se sont dérobés. Nous aussi, quand nous avons péché, nous essayons de nous cacher notre faute.

- Le péché a des conséquences. Caïn prend peur devant les suites de son péché. Mais Dieu donne à Caïn un moyen de surmonter sa peur. Il lui accorde un signe de protection.

Les chapitres suivants du livre de la Genèse montrent comment le péché se propage et gagne toute l'humanité.

- Au temps de Noé, l'humanité s'est noyée dans le péché. L'eau du déluge est le signe extérieur du péché qui ne mène pas les hommes vers la vie mais vers la mort. Mais sur l'eau du déluge, flotte l'arche qui sauve un couple ou deux de toutes les espèces animales.

- Au temps de Babel, les hommes s'imaginent qu'ils vont conquérir le ciel et construire tout seuls l'unité entre les peuples. Dieu ne les laisse pas aller jusqu'au bout de leur erreur : il rend à chacun sa liberté.

Les récits bibliques sont divers, fort anciens, curieux à nos oreilles. Ils ont en commun de toujours indiquer le moyen par lequel Dieu sauve l'homme de son péché. Quand les temps seront mûrs, Dieu viendra à l'homme pécheur par le chemin le plus direct qui soit : son propre Fils.

La réconciliation : quand Dieu ressuscite l'espérance

Pour parler du Royaume de Dieu, Jésus emploie souvent des comparaisons. Saint Matthieu en a regroupé plusieurs au chapitre 13 de son évangile : le Royaume est semblable à la graine qui mûrit, au levain qui fait lever la pâte, au trésor ou à la perle, au filet du pêcheur.

Le péché, c'est le contraire :

- empêcher la graine de pousser et le levain de faire lever la pâte ;
- troquer le trésor et la perle contre de faux bijoux ;
- s'enfuir loin du Seigneur au lieu de se laisser prendre.

Pour reconnaître (« confesser ») notre péché, nous disons une prière au début de la Messe. Nous pouvons nous en servir aussi quand nous sommes tout seuls devant Dieu et que nous lui demandons son pardon :

Je confesse à Dieu tout puissant et à vous mes frères,
que j'ai beaucoup péché
en pensée
en parole
par action
et par omission ...

Le péché est le contraire de ce que Dieu demande. Dieu a fait savoir ce qui est bon pour l'homme en donnant la Loi à Moïse *(Dt 6, 5)*. La Loi est claire et simple : aimer de tout son coeur, de toute son âme, de tout son esprit et de toute sa force *(Mc 12, 30)*.

Si c'est bien cela que Dieu nous demande, reconnaissons que nous y manquons souvent. Ayons le courage de dire : « j'ai beaucoup péché ». Pour celui qui aime Dieu, au moins un peu, le péché a quelque chose de désespérant. J'y retombe toujours. J'aime Dieu et je ne l'aime pas. Du moins, je ne l'aime pas assez. Je me contredis ; je suis divisé.

Saint Paul a bien connu ce malheur du péché. Il le peint en couleurs sombres : dures paroles, mais si proches de notre expérience *(Rm 7, 15-23)*.

Quel moyen Dieu a-t-il trouvé pour nous faire sortir de cette impasse ? Le sacrement de la réconciliation.

La réconciliation

Nicodème : Il est étrange, ton Dieu. Il te demance l'impossible. Comment toujours aimer de tout son coeur ? Comment aime- tout le monde ? Tu as bien le droit de penser aussi à toi.

Théophile : Ce que Dieu attend, c'est que j'essaie d'aimer de tout mon cœur, que j'essaie d'aimer tout le monde.

Nicodème : Tu dis que tu essaies. Autant dire que tu n'y arrives pas.

Théophile : D'abord, c'est beau d'essayer, au lieu d'abandonner. Et chaque fois, Dieu me pardonne. Il me redonne ma chance. Il me rend des forces. Il me fait confiance

Nicodème : Excuse-moi de te parler carrément : il va se lasser, ton Dieu !

Théophile : Non, Dieu ne se lasse jamais. A ses disciples Jésus a dit de se pardonner jusqu'à sept fois par jour. Son Père, lui aussi, nous pardonne chaque fois que nous nous tournons vers lui.

Nicodème : Tu te fais peut-être des idées. Comment être sûr que Dieu nous pardonne ?

Théophile : Parce qu'il l'a dit et que Dieu est fidèle à sa Parole.

Nicodème : Alors pourquoi vas-tu voir un prêtre pour recevoir son pardon ?

Théophile : Dieu a donné ce pouvoir aux apôtres et aujourd'hui aux prêtres. Ils ont reçu cette mission quand ils ont été consacrés comme prêtres. Les paroles et les gestes du prêtre sont le signe de ce que Dieu fait dans mon coeur.

Nicodème : A quoi cela sert-il si tu retombes dans les mêmes péchés ?

Théophile : Premièrement, je peux quand même avancer, me battre à nouveau grâce à la force que Dieu me donne. Mais surtout, à chaque fois, je vérifie que Dieu ne m'en veut pas et qu'il m'aime toujours autant : c'est une joie qui n'a pas de prix.

Nicodème : C'est quand même un peu facile, ton système.

Théophile : Essaie, tu verras. Non, ce n'est pas si facile de se reconnaître pécheur et de vouloir à nouveau aimer de tout son coeur, de vouloir à nouveau aimer tout le monde.

Nicodème : Si tu as fait du mal à quelqu'un, Dieu te pardonne : très bien. Mais le mal que tu as fait ?

Théophile : J'essaie de le compenser en montrant à l'autre que je veux réparer. Et si j'ai pris quelque chose à quelqu'un, je le rends.

Nicodème : **Pourquoi m'as-tu parlé du péché et du pardon à propos de l'espérance ?**

Théophile : **Parce que le péché est désespérant mais Dieu, en pardonnant, ressuscite l'espérance.**

Chant

Refrain : *Prends pitié de nous,*
Fais-nous revenir,
Fais-nous revenir à toi !
Prends pitié de nous !

1. *Jésus, berger de toute humanité,*
Tu es venu chercher ceux qui étaient perdus.

2. *Jésus, berger de toute humanité,*
Tu es venu guérir ceux qui étaient malades.

3. *Jésus, berger de toute humanité,*
Tu es venu sauver ceux qui étaient pécheurs.

Théophile a aimé

« Mon Dieu, j'ai péché contre toi
et contre mes frères,
mais près de toi se trouve le pardon.
Accueille mon repentir
et donne-moi la force de vivre
selon ton amour. »

Je n'en peux plus

Seigneur Jésus;
Comment pourrai-je bien prier quand
le mal m'écrase et que je n'en puis plus ?

Toi qui as connu le creux de la souffrance,
toi qui es passé par là, aujourd'hui,
sois fort avec moi.

Toi qui as fait face jusqu'au bout,
aide-moi à tenir bon.

Toi qui es vivant et ressuscité,
viens prendre en charge ma faiblesse.

Viens prier en moi par ton Saint-Esprit.

Et pendant que je continue ta Passion,
fais passer en moi
le souffle de ta Résurrection

Père S. Lyonnet

Pardonner, ce n'est pas oublier. Car il ne nous appartient pas de perdre la mémoire volontairement. Mais on peut éviter de ressasser. Pardonner, c'est alors dépasser l'injure qui nous a été faite, prendre de la distance par rapport à elle. Il n'empêche que c'est très dur de pardonner. On ne peut pas toujours y arriver. On est coincé à l'intérieur de soi-même. Cependant, ce n'est pas parce que l'on éprouve cette résistance en soi, ce blocage, que l'on n'est pas sur la voie du pardon. On ne pardonne pas d'un seul coup. Il faut le temps. Mais c'est déjà pardonner que de faire comprendre à l'autre, s'il le veut bien, qu'il n'a pas été très « chouette ». Mais attention, pardonner n'est pas pour autant accepter les torts de l'autre. Bien au contraire, il s'agit de tout faire pour rendre justice et rétablir la situation. Faire le premier pas, tendre la main le premier, c'est déjà un geste de pardon, c'est rétablir l'amitié.
Jésus, lui, va beaucoup plus loin : « Quand on te frappe sur la joue droite, tends la joue gauche ». L'amour des ennemis, cela paraît surhumain. Et pourtant, Jésus a l'audace de nous demander de vivre la charité jusqu'à ce point : ... donner davantage en amour que ce que l'autre a donné en haine. Dans un ciel tourmenté, c'est savoir admirer le bleu sans être obnubilé par les nuages ...

D'après Dis-moi Denys, collection Okapi

PLUS LOIN QUE L'ESPOIR, L'ESPÉRANCE

J'attends la résurrection des morts

Le chemin suivi depuis la rentrée de janvier n'avait rien de souriant. A chaque coin de rue, Théophile et son ami Nicodème rencontraient souffrances et péchés. Heureusement, ils avaient pris pour compagnon un homme exceptionnel : saint Paul.

Depuis qu'il avait cru au Christ ressuscité, saint Paul voulait communiquer sa foi et son espérance : « le Christ est vainqueur de la mort. Il nous appelle à vivre pour toujours avec lui ».

Théophile et Nicodème viennent demander à saint Paul de leur expliquer les derniers mots de la profession de foi : « j'attends la résurrection des morts et la vie du monde à venir ».

Au centre de tout, le Christ ressuscité

La ville visitée par Théophile et son ami Nicodème a été bien construite. Elle a un centre qui est en même temps le point haut de la ville : c'est le Christ ressuscité, Jésus vivant aujourd'hui.

« *Christ est ressuscité* » : c'est ce que Pierre annonce aux Juifs de Jérusalem le jour de la Pentecôte *(Ac 3, 15)*. Le message de Paul est le même. Chaque fois qu'il prend la parole ou la plume, il revient au Christ ressuscité.

Dans les évangiles, Jésus ramène à la vie trois personnes qui sont mortes : le fils unique d'une veuve, une fille de douze ans et son ami Lazare.
Saint Pierre et saint Paul en feront autant *(Ac 9, 36-42)*. Le dernier de ces récits ne manque pas de piquant *(Ac20, 7-12)*. Que se passe-t-il quand la séance est trop longue ?

Mais la résurrection de Jésus est différente : ce n'est pas un retour en arrière ; c'est une percée vers l'avenir. Jésus n'est pas revenu à sa vie ancienne. Il a inauguré une vie nouvelle. La nouvelle création ne supprime pas l'actuelle mais la fera échapper à la souffrance et à la mort *(Ap 21,4)*. Jésus est « le premier né d'entre les morts ».
Saint Paul consacre un long chapitre de l'une des ses épîtres à la résurrection.

ALLONS VOIR LA PREMIÈRE ÉPÎTRE AUX CORINTHIENS, LISONS AU CHAPITRE 15 LES VERSETS 35 À 48 ET 54 À 57

Inutile de chercher à imaginer comment sera le monde de la résurrection. Une chose est sûre : il sera bien différent. Déjà, dans la nature, nous voyons tellement de transformations ! Au XXe siècle, avec tout ce que nous savons aujourd'hui, saint Paul aurait encore plus d'exemples à donner. Saint Paul a la certitude que cette résurrection viendra.

« Le premier né d'entre les morts »

A la Messe, l'Esprit Saint consacre en Corps et Sang du Christ le pain et le vin qui sont offerts. La transformation est réelle, même si elle ne se voit pas. Le pain est devenu « Pain de Vie ». C'est un signe avant-coureur de la nouvelle création où Dieu sera tout en tous.

« Je crois à la résurrection de la chair ».
Nous-mêmes, nous ressusciterons comme le Christ est ressuscité et non comme Lazare est ressuscité. Saint Paul savait très bien que le corps se décompose après la mort. Nous ne retrouverons pas notre corps comme la planche à voile rangée au retour des vacances jusqu'à l'été suivant. Nous ressusciterons car nous ne sommes pas des anges ou de purs esprits. Dieu nous a créé comme des êtres de chair. Il nous ressuscitera comme des êtres de chair et la nature elle-même entrera dans la lumière de la résurrection *(Rm 8, 19-25)*.
Pour savoir comment les premiers chrétiens envisageaient la mort, Nicodème peut encore interroger saint Paul.

ALLONS VOIR LA PREMIÈRE ÉPÎTRE AUX THESSALONICIENS
LISONS AU CHAPITRE 4 LES VERSETS 13 À 14 ET LE VERSET 17

La mort n'est pas la fin de tout, elle n'aura pas le dernier mot. Elle est comparée au sommeil. Saint Paul se garde bien de décrire les « corps ressuscités ». Il dit seulement : « Dieu nous prendra avec lui ». Plus loin, il dit : « Nous serons pour toujours avec le Seigneur ».
Le mot important est : « avec ». Nicodème l'a souvent entendu.

- « Emmanuel : Dieu **avec** nous ».
- « Je suis **avec** vous tous les jours jusqu'à la fin des temps. »
- « Que la paix soit **avec** vous ».

Quand un païen parle du Christ

Nous avons un merveilleux résumé de la foi chrétienne dans les Actes des Apôtres . Paul a été dénoncé par les Juifs comme agitateur *(Ac 24, 5)*. Il est mis en prison, sous la surveillance de Festus, le gouverneur romain, successeur de Pilate. Festus reçoit le roi Agrippa, un descendant d'Hérode. Il lui explique le cas de Paul. Pour conclure, il parle « d'un certain Jésus qui est mort et que Paul affirme être vivant » *(Ac 25, 19)*. Il n'y a pas d'énoncé plus simple de la foi chrétienne !

Le dernier livre de l'Écriture : l'Apocalypse

A la fin de ce deuxième itinéraire, prenons contact avec notre compagnon du troisième itinéraire : saint Jean. Cinq écrits du Nouveau Testament se rattachent à saint Jean : l'Évangile, trois lettres et l'Apocalypse.

L'Apocalypse est le dernier des livres du Nouveau Testament. Son but est très précis : réveiller l'espérance. Le Christ Jésus est ressuscité. Il a promis qu'il reviendrait pour ressusciter tous les hommes. Mais le temps passe. L'Église est persécutée de l'extérieur, désunie à l'intérieur. Faut-il dire, comme les disciples sur la route d'Emmaüs, tristes et déçus : « nous espérions, nous, que c'était lui qui délivrerait Israël ... » *(Luc 24, 21)*.

Théophile n'avait jamais lu les chapitres 21 et 22 de l'Apocalypse. Mais Nicodème, qui est curieux, était allé voir comment finissait la Bible. Il avait parcouru ces deux chapitres. Il n'avait pas compris grand chose mais il avait vu que c'était très beau. Cette fois-ci, c'est donc Nicodème qui entraîne son ami Théophile : lui aussi trouve qu'elle est bien belle, la Jérusalem céleste. Mais tous deux se demandent s'ils ne rêvent pas.

**ALLONS VOIR LE LIVRE DE L'APOCALYPSE,
LISONS AU CHAPITRE 21 LES VERSETS 1 À 4 ET 9 À 22**

En marche vers la résurrection

L'auteur voit la Jérusalem céleste, le monde ressuscité. Mais certains aspects sont déjà réalisés aujourd'hui. L'espérance ne porte pas seulement sur l'avenir mais sur ce que Dieu nous donne déjà aujourd'hui.
Écoutons ce que nous dit saint Jean

**« Dès maintenant, nous sommes enfants de Dieu
et ce que nous serons n'a pas encore été manifesté.
Nous savons que lors de cette manifestation,
nous lui serons semblables, puisque nous le verrons tel qu'il est.
Quiconque a cette espérance en lui se rend pur
comme celui-là est pur »**

I Jean 3, 2-3

Le chrétien n'est pas quelqu'un qui dort, en se disant : « après tout, puisque l'histoire finira bien de toute façon, ne nous fatiguons pas ».
L'espérance n'est pas la paresse.
C'est le contraire. Jésus n'aime ni les dormeurs, ni les flemmards (Mt 25, 1-30).

Jésus présente deux personnages dans une parabole de son retour.

**ALLONS VOIR SAINT MATTHIEU,
LISONS AU CHAPITRE 24 LES VERSETS 45 À 51**

A nous de choisir auquel des deux personnages nous voulons ressembler, aujourd'hui et plus tard.

Dieu nous a confié sa création.
Il nous a confié les uns aux autres pour que nous nous aidions les uns les autres.
Que faisons-nous de sa confiance ?

Dans l'Évangile que nous venons de lire, Jésus nous a parlé du Royaume : il est encore à venir. Dans le Notre Père, nous prions pour qu'il vienne et que nous ayons la force nécessaire pour le préparer.

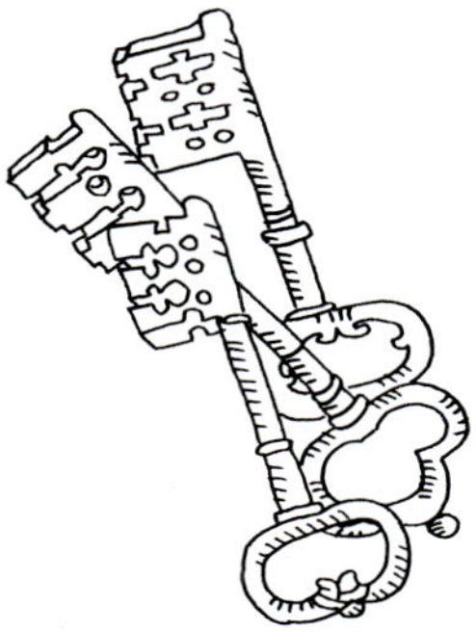

Les clefs du Royaume

Nicodème Tu dis que le royaume, il faut l'attendre et le préparer. Mais moi je suis pressé.

Théophile Je sais comment y entrer tout de suite mais je ne suis pas sûr que cela te plaise.

Nicodème Allons, parle, de quoi s'agit-il ?

Théophile Des ***Béatitudes***.

Nicodème Pourquoi voudrais-tu que cela ne me plaise pas ?

Théophile Parce qu'elles commencent en disant : « Heureux les pauvres, car le Royaume des Cieux est à eux ». Tu dois être comme moi : tu voudrais bien être heureux, mais tu n'as pas envie d'être pauvre.

Nicodème Évidemment. Mais explique-toi un peu mieux : où sont-elles ces ***Béatitudes*** ? Elles sont dans l'Évangile ?

Théophile Oui. Ce sont des paroles de Jésus qui commencent toutes de la même façon. « Heureux, bienheureux ... ».

ALLONS VOIR SAINT MATTHIEU,
LISONS AU CHAPITRE 5 LES VERSETS 1 À 12

Théophile Elles s'adressent : aux pauvres,
aux doux,
à ceux qui pleurent,
à ceux qui ont faim et soif de justice,
à ceux qui ont le coeur bon et miséricordieux,
à ceux qui ont le coeur pur,
aux artisans de paix,
aux persécutés.

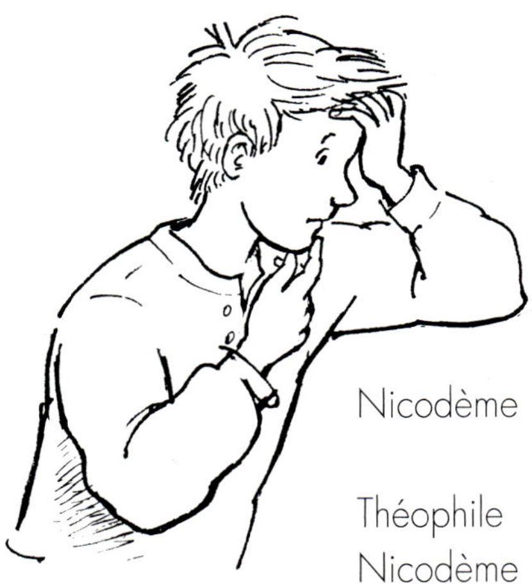

Nicodème Dire à tous ces gens qu'ils doivent être heureux, qu'ils sont heureux, c'est tout de même un peu fort ! Pourquoi devraient-ils être heureux ?

Théophile Parce qu'ils recevront bien plus qu'ils ne peuvent imaginer.

Nicodème Par exemple ?

Théophile Par exemple, les pauvres reçoivent le Royaume des Cieux. Or les pauvres, d'habitude, ne reçoivent que des ennuis. Les doux recevront la terre, alors, que d'habitude, ce sont les plus puissants qui imposent leurs lois.

Nicodème Il y a quelque chose que je ne comprends pas. La plupart des phrases sont au futur. Seules les Béatitudes qui promettent le Royaume des Cieux sont au présent : « Bienheureux les pauvres en esprit, car le Royaume des Cieux est à eux ». Pourquoi Jésus parle-t-il au présent alors que les cieux, c'est pour plus tard, quand nous serons au ciel.

« Le Royaume des cieux » ou « le Royaume de Dieu » n'est pas dans les nuages ni seulement pour plus tard. Il s'établit là où les hommes vivent dans l'esprit de Dieu, c'est-à-dire dans l'amour. Avec Jésus, le Royaume de Dieu s'implante définitivement parmi les hommes et là où se trouve Jésus, la vie renaît, le mal est chassé.

Le Royaume de Dieu est fermé aux riches, tant qu'ils compteront sur leurs richesses pour acheter le bonheur.

Ceux qui n'ont pas grand chose – les « pauvres » – cherchent ce qui leur permet de vivre dignement. Ils peuvent se confier au Christ : il n'a pas de richesses à leur donner, si ce n'est sa parole, son amitié, sa force, sa vie même qu'il partage avec le Père et l'Esprit Saint : ce n'est pas rien.

Seul le Christ nous fait entrer dans le Royaume de Dieu. Nous y entrons si nous croyons en lui, et si nous le suivons en vivant dans son Esprit. Les clés du Royaume sont les paroles de Jésus. Par exemple, les Béatitudes.
Jésus les confie à son Église et, personnellement, à Pierre *(Mt 16, 1)*.
La mission de l'Église est d'ouvrir aux hommes ce Royaume où ils sont ensemble des frères les uns pour les autres, avec Dieu pour Père.

Comme il y a des clés, il y aussi des cadenas. Saint Luc les indique .
Aux riches et aux repus, Jésus dit : « Malheur à vous ! » *(Lc 6, 24-26)*.
Jésus ne veut du mal à personne, lui qui a pardonné à ceux qui le crucifiaient. Mais il prévient : « vous êtes sur une mauvaise voie ». Il ne les condamne pas ; il les plaint. Un peu comme nous crierions à un enfant qui va se brûler : « Malheureux ! Ne touche pas ! Tu vas te brûler ! »

L'illustration représentant saint Paul le montre plutôt sévère. Dans l'antiquité, le sérieux et le sourire paraissaient contradictoires. Aujourd'hui, sur les photos, il y a obligation de sourire. Question de mode ! Ce n'est pas important.

En réalité, saint Paul parle sans cesse de la joie et se présente lui-même « toujours joyeux » (voir page 48).
Voici quelques textes possibles : Rm 12, 8 ; Rm 15, 13 ; II Co 6, 10 ; 10, 9 ; 13, 11 ; Ga 5, 22 ; Col 1, 24 ; I Th 5, 16-18a.
La joie est un signe de l'Esprit Saint. Marie tressaille de joie dans son cantique d'action de grâce, le Magnificat *(Lc 1, 47)*. La première communauté chrétienne prend ses repas « avec joie et simplicité de coeur » *(Ac 2, 46)*.

Chant

Refrain : O toi qui dors,
Éveille-toi :
Le jour a brillé !

D'entre les morts,
Relève-toi :
Sois illuminé !

1. En Jésus-Christ,
Tu meurs au péché dans la nuit du tombeau
Pour être un homme nouveau.

2. Des quatre vents.
L'Esprit du Seigneur soufflera sur les morts
Faisant revivre les corps.

3. Tes yeux verront
La face du Père en son Fils, par l'Esprit,
Et tu seras comme lui.

Théophile a aimé

«Je sais, moi, que mon libérateur est vivant,

et qu'à la fin il se dressera sur la poussière des morts ;

avec mon corps, je me tiendrai debout,

et de mes yeux de chair, je verrai Dieu.

Moi-même, je le verrai,

et quand mes yeux le regarderont,

il ne se détournera pas.»

Job 19, 25-27

« Il y a la communion des saints ; et elle commence à Jésus. Il est dedans. Il est à la tête. Toutes les prières, toutes les épreuves, tous les travaux, tous les mérites, toutes les vertus ensemble de Jésus et de tous les autres saints ensemble, toutes les saintetés ensemble, travaillent et prient pour tout le monde ensemble, pour toute la chrétienté, pour le salut de tout le monde. Ensemble ...
Écoute Jeannette. Il faut se sauver ensemble. Il faut arriver ensemble chez le Bon Dieu. Il faut se présenter ensemble. Il ne faut pas arriver les uns sans les autres. Il faudra revenir tous ensemble dans la maison de notre Père. Il faut aussi penser un peu aux autres ; il faut travailler les uns pour les autres. Qu'est-ce qu'il nous dirait si nous arrivions les uns sans les autres ?»

Charles Péguy,
Mystère de la Charité de Jeanne d'Arc

«Notre résurrection n'est
pas tout entière dans le futur,
elle est aussi en nous,
elle commence,
elle a déjà commencé».

Paul Claudel

La réconciliation

EN CHEMIN VERS LE SACREMENT

Comme tous les sacrements, la réconciliation demande à être préparée dans la prière. Tu peux aller dans une église et prier devant le Saint Sacrement ; tu peux aussi rester chez toi et regarder une image du Christ ou sa croix. **Devant Dieu qui nous aime et nous appelle à aimer, essaie de voir clair en toi.**

Tu peux lire un texte de l'Écriture. Parmi beaucoup d'autres, en voici cinq :

- les deux commandements de l'amour ; Marc 12, 28-31
- les chemins du bonheur ; Matthieu 5, 3-10
- La vie dans l'Esprit de Dieu ; Galates 5, 18-25
- Reniement et conversion de Pierre ; Jean 18, 15-18 et 25-27 ; Jean 21, 15-17
- Dieu aime à pardonner ; Luc 15

Tu peux aussi t'appuyer sur les « dix paroles » de vie que Dieu a données par l'intermédiaire de Moïse, les dix commandements (Dt 5, 2-22). Ils nous posent ces questions bien concrètes.

- Quelle est mon attitude envers Dieu ? Je sais ce qu'il attend de moi : l'aimer, le respecter, lui faire confiance, le prier, répondre à son invitation du dimanche, désirer le connaître davantage et le faire connaître.
- Quelle est mon attitude envers les autres : mes parents, ma famille, mes amis et ceux que je n'aime pas beaucoup, ceux que je veux oublier ?
- Quelle est mon attitude envers moi-même ? Le pécheur est celui qui cherche avant tout son intérêt, son plaisir, son confort. Il vole et il ment sans se gêner : serais-je comme lui ?

LA CÉLÉBRATION DU SACREMENT

Tu vas vers le prêtre ; tu fais le signe de la croix ; tu dis qui tu es ; si tu as prié avec une parole de l'Écriture, il serait bon de la relire.

Tu confesses tes péchés : en parlant au prêtre **tu t'adresses au Christ lui-même**. Tu peux être sûr du secret. Tu peux dire cette prière : « Je confesse à Dieu tout-puissant, je reconnais devant vous, mon Père, que j'ai péché en pensée, en parole, par action et par omission : oui, j'ai vraiment péché. C'est pourquoi je supplie la Vierge Marie, les anges et tous les saints, et vous aussi, mon Père, de prier pour moi le Seigneur notre Dieu. » Le prêtre parle avec toi. Il prie pour toi et te donne le pardon de Dieu.

« Que Dieu notre Père te montre sa miséricorde.
Par la mort et la résurrection de son Fils,
il a réconcilié le monde avec lui
et il a envoyé l'Esprit Saint pour la rémission des péchés.
Par le ministère de l'Église, qu'il te donne le pardon et la paix.
Et moi, **au nom du Père et du Fils et du Saint-Esprit,**
je te pardonne tous tes péchés. »

Tu réponds, comme à la Messe quand tu reçois la communion : Amen ! Le prêtre te suggérera sans doute un effort à faire pour que tes bonnes intentions ne restent pas en l'air. Le minimum, c'est de réparer le mal que nous avons fait, quand c'est possible. Mais le plus important, c'est de remercier Dieu pour son pardon.

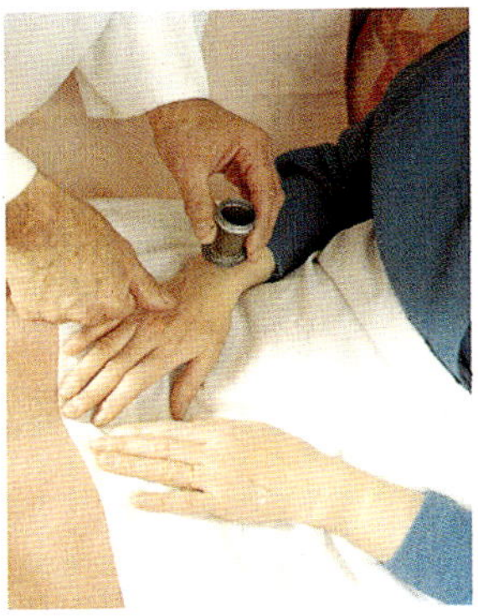

L'onction des malades

C'est un sacrement pour les malades et non pour les mourants. Il est destiné à apporter la force, la paix et l'espérance à ceux qui luttent contre la maladie ou qui voient leurs forces décliner.
La célébration du sacrement, est parfois communautaire, dans le cadre de la paroisse ou à Lourdes. Dans d'autres cas, le malade reçoit le sacrement chez lui ou à l'hôpital. Il est toujours souhaitable que la famille et des proches soient présents.

LA PRIÈRE DE DEMANDE

- « Pour que ton amour vienne visiter et fortifier ce malade, Seigneur nous te prions.
- Pour que tu le délivres du péché et de toute tentation, Seigneur nous te prions.
- Pour que tu le délivres de tout mal, Seigneur nous te prions.
- Pour que tu soulages la souffrance de tous les malades qui sont ici, Seigneur nous te prions.
- Pour que tu assistes tous ceux qui servent et soignent les malades, Seigneur nous te prions.
- Pour que tu donnes vie et salut à notre frère à qui nous allons imposer les mains, Seigneur nous te prions. »

LE GESTE DU CHRIST

Comme Le Christ lui-même, le prêtre impose les mains sur chaque malade. Il ne prononce aucune parole.

L'HUILE DES MALADES

Normalement, cette huile a été bénite par l'évêque, la Semaine Sainte précédente. En cas de nécessité, le prêtre bénit lui-même l'huile dont il va se servir.

« Dieu, notre Père, de qui vient tout réconfort,
par ton Fils, tu as voulu guérir nos faiblesses et maladies,
sois attentif à la prière de tes fidèles ;
Vois cette huile que ta création nous procure pour rendre vigueur à nos corps.
Envoie sur elle ton Esprit qui sanctifie.
Qu'elle devienne par ta bénédiction l'Huile sainte que nous recevons de toi.
Qu'elle serve ainsi à l'Onction des malades qui va être donnée maintenant à notre frère
pour soulager son corps, son âme et son esprit, de toute souffrance et maladie,
de tout mal physique, moral et spirituel au nom de Jésus Christ, ton Fils, Notre Seigneur. Amen »

L'ONCTION ELLE-MÊME

Le prêtre marque chaque malade sur le front puis sur les mains avec l'huile bénite. Les paroles qu'il prononce, inspirées de saint Jacques, disent l'effet espéré du sacrement. Il commence en disant le prénom du malade.

« Par cette onction sainte, que le Seigneur, en sa grande bonté,
vous réconforte par la grâce de l'Esprit Saint. • Amen.
Ainsi, vous ayant libéré de tous péchés qu'il vous sauve et vous relève. • Amen. »

APRÈS L'ONCTION

« Seigneur, Jésus-Christ, toi qui as voulu connaître notre condition d'homme pour relever les malades et sauver les pécheurs, regarde les malades qui attendent de toi la santé de l'âme et du corps. Que ta puissance leur redonne vigueur, que ton soutien les réconforte, qu'ils soient victorieux de leur mal. Toi qui vis et règne pour les siècles des siècles. Amen. » Ensemble, tous récitent ensuite le Notre Père et communient.

L'histoire du sacrement de la réconciliation

AU TOUT DÉBUT

Dans le baptême, reçu à l'âge adulte, les premiers chrétiens ont conscience d'être pardonnés de tous leurs péchés. Mais, les disciples savaient bien qu'ils cvaient à se pardonner les uns aux autres et à être pardonnés tous les jours, jusqu'à soixante dix sept fois *(Matthieu 18, 22)*. Le Seigneur leur avait laissé, dans le Notre Père, des mots pour demander le pardon. Déjà dans l'épître de saint Jacques *(4, 16)*, il est demandé aux disciples de se confesser les uns aux autres. En particulier, le dimanche, le repas du Seigneur commençait par la confession des péchés.

DÈS LE IIe SIÈCLE

Les évêques se demandent jusqu'où ils ont le droit d'accorder le pardon des péchés au nom du Seigneur. En particulier, que faire pour ceux qui ont renié la foi dans les persécutions ? Pardonner, n'est-ce pas faire injure aux martyrs ? Finalement, il est admis que les péchés les plus graves ne peuvent être pardonnés qu'une seule fois : au-delà, ce serait mépriser le Nom de Dieu. Ceux qui avaient commis une faute grave venaient trouver l'évêque en privé et lui confessaient leur péché. Le mercredi des Cendres, ils entraient dans le groupe des « pénitents ». Si la faute était vraiment grave, la pénitence pouvait durer plusieurs années. Ses obligations ressemblaient à celles du Carême : aumône, prière et jeûne. La réconciliation, elle, avait lieu le Jeudi saint, à l'église de l'évêque.

À PARTIR DU VIIe SIÈCLE

La pénitence publique avait un gros avantage : toute la communauté priait pour ses membres qui, momentanément, étaient écartés de la communion à l'eucharistie. Mais les inconvénients étaient pires : ne pouvant recourir à la pénitence qu'une seule fois et devant se soumettre à de dures obligations, beaucoup reculaient le moment d'entrer dans le groupe des pénitents, voire de se faire baptiser.

Une autre manière de faire vit le jour dans les monastères irlandais et gagna le continent : à chaque faute avouée, petite ou grande, toujours dans la confidence, correspondait une pénitence précise à réaliser. Le pénitent repartait avec ce qu'il devait faire : telles prières, tant de messes à faire célébrer, tel pèlerinage à accomplir, tant de jours de jeûne.

Au moment le plus brillant du Moyen Age, ur concile décida que tous, à partir de l'âge où ils savaient de quoi ils parlaient, se confesseraient une fois par an au temps de Pâques. La qualité principale demandée au pénitent était le regret de ses fautes par amour pour Dieu : la « contrition ». Le sacrement devint fréquent, voire très fréquent. La coutume se répandit de ne pas communier sans s'être confessé. Pour être discret, l'entretien du prêtre avec le pénitent avait lieu, non pas devant tout le monde, mais dans de petits parloirs (le plus souvent en bois), installés le long des murs de l'église : les confessionnaux.

LE CONCILE VATICAN II

Il n'est ni facile ni agréable de se reconnaître pécheur. Le Concile Vatican II a voulu redonner au sacrement un nouvel élan : il reste beaucoup à faire pour que le sacrement trouve sa juste place dans la vie de chacun et dans la vie des communautés chrétiennes. Les jeunes joueront un rôle décisif pour l'avenir de ce sacrement.

Lutter pour la paix

VERS L'AN MIL

Aux XIe et XIIe siècles, la plaie principale n'était pas les conflits à grande échelle. Mais les violences étaient fréquentes. Les seigneurs partaient à la guerre comme ils partaient à la chasse. Ils n'avaient pas grand respect pour la vie humaine. Sur leur passage, ils ravageaient et pillaient.

Les évêques d'alors agirent en exigeant des seigneurs qu'ils prêtent serment, au moins, de limiter leur violence. Ils ne devaient combattre que les hommes armés et laisser tranquilles, les femmes, les enfants, les serfs, les moines et les clercs. A l'époque, le serment sur l'Évangile était pris au sérieux : si bien que le mouvement – dénommé « la paix de Dieu » – eut une certaine efficacité. Ici ou là, fut même mis sur pied par l'évêque une « milice de la paix» chargée de faire respecter le serment et payée grâce à un « impôt de la paix ».
Les évêques inventèrent une autre façon de limiter la violence : la « trêve de Dieu ». Elle consistait à interdire, sous peine de sanctions religieuses, de se faire la guerre :

- du mercredi soir au lundi matin en souvenir des jours de la Passion ;
- pendant l'Avent et le Carême ;
- aux fêtes des saints.

Quant à l'homme d'armes, le « chevalier », l'Église s'efforçait de lui donner un code de bonne conduite et surtout un idéal : ne combattre que pour la justice et repousser tout esprit de vengeance.

AU XXe SIÈCLE

Les moyens modernes ont multiplié par 10 ou par 100 les victimes des guerres. La guerre de Cent Ans a dû causer 20 000 morts du côté français ; la guerre de 14-18 plus de 8 millions au total ; celle de 39-45, 38 millions Dans le même temps, la voix de l'Église avait plus de peine à se faire entendre au milieu des cris des dictateurs ou même auprès de gouvernants, qui ne lui reconnaissaient aucune compétence sur ces sujets. Pourtant, les papes successifs ne sont restés, ni inactifs, ni silencieux durant ce siècle.

Pendant la guerre de 1914, le pape Benoît XV proposa sa médiation pour arrêter les combats qui avaient déjà accumulé tant de désastres : surtout en France, sa proposition fut mal reçue.

Quand montent les tensions, l'Église recommande encore et encore de négocier. La formule est de Pie XII : « avec la paix rien n'est perdu, mais tout peut l'être avec la guerre » (10 novembre 1956).

Paul VI, parla à la tribune de l'ONU en 1965 : « Jamais, plus jamais la guerre, non, plus jamais ».

Deux ans plus tôt, Jean XXIII avait publié l'encyclique *Pacem in terris*, recommandant une « autorité mondiale ».

Depuis 1968, le 1er janvier est consacré par l'Église à prier pour la paix. En beaucoup d'endroits, des veillées de prière ont lieu dans la nuit du 31 au 1er : une façon comme une autre de réveillonner.

Le 27 octobre 1986, le Pape Jean-Paul II invitait à Assise les représentants de toutes les religions. Que chacun vienne prier, selon sa foi, Dieu, l'Unique.

3 L'amour ne passera jamais

Pourquoi parler de l'amour en dernier ?

Parce qu'il est le trésor des trésors.
Peut-on définir l'amour ? J'aime quelqu'un quand il a plus d'importance à mes yeux que moi-même et que j'en suis heureux. Celui qui aime veut le bien de l'autre. Faire plaisir, c'est déjà un premier signe d'amour. Mais celui qui aime vraiment est capable d'aller bien plus loin : jusqu'à se donner lui-même.

Au pays de Théophile, toutes les routes mènent vers ce trésor. Les obstacles sont nombreux mais ils ne sont pas infranchissables. Au terme de notre vie, seul l'amour que nous aurons vécu aura du prix au yeux de Dieu. Un grand amoureux de Dieu, Saint Jean de la Croix a écrit : « nous serons jugés sur l'amour ».

« Charité » un mot qui a mal vieilli

La charité est un mot de la langue chrétienne. La charité c'est l'Amour à la manière de Dieu, l'Amour qui est Dieu. Ce n'est pas un amou- au rabais : tout au contraire

FÉ**C**ONDITÉ	SERVI**C**E	E**C**HANGE
BON**H**EUR	C**H**RIST	....
PART**A**GE	**A**UTRE	DI**A**LOGUE
OUVE**R**TURE	OFF**R**ANDE	....
DEVEN**I**R	JO**I**E	COMMUN**I**ON
GRA**T**UIT	OUVER**T**URE	....
FIDÉLIT**É**	LIBERT**É**	....

Pour s'orienter, Théophile et Nicodème peuvent encore une fois se confier à saint Paul.

La communauté de Corinthe était marquée par les divisions, les scandales, les jalousies *(I Co 1,10-13)*.
Pour mettre d'accord les chrétiens de Corinthe, Paul leur montre qu'ils ont besoin les uns des autres : la communauté est semblable à un corps où chaque membre tient sa place pour le bien du corps entier *(I Co 12,17-22)*.

Les Corinthiens ne sont pas bien convaincus. Chacun veut être n°1 prétendant que Dieu lui a donné des qualités exceptionnelles. Saint Pcul leur dit alors : je vais vous montrer la qualité qui l'emporte sur toutes les autres. Plus vous la posséderez, moins vous écraserez les autres. Cette qualité donnée par Dieu s'appelle « la charité » *(1 Co 13)*.

S'ils vivent dans la charité de Dieu, les chrétiens de Corinthe ne risquent pas de se faire du mal les uns aux autres. Au contraire, celui qui aime se réjouit de ce qui réjouit l'autre.

L'hymne de la charité

ALLONS VOIR LA PREMIÈRE ÉPÎTRE AUX CORINTHIENS
LISONS AU CHAPITRE 13 LES VERSETS 1 À 13

Voici quelques repères.

Versets 1à 3

Saint Paul énumère plusieurs actes remarquables.

- Parler en langues : c'est le don que les disciples ont reçu le jour de la Pentecôte.
- La prophétie : c'est la capacité de voir clair dans les événements et dans les problèmes de la vie. Bien utile !
- La foi : Paul parle de la foi comme Jésus en a parlé *(Mt 17,20)* Quel chrétien ne désirerait pas avoir une foi semblable ? Et pourtant, Paul dit : sans la charité, même avec une foi pareille, « je ne suis rien ».
- Donner tous ses biens aux pauvres. Nous repensons à l'homme riche qui n'en a pas été capable (Mt 19,22). Donner tous ses biens, donner même sa vie : actes héroïques, mais qui pourraient être accomplis par orgueil ou par folie. Aux yeux de Dieu, ils ne valent que par l'amour.

Versets 4 à 7

Après les trois premiers versets, nous pourrions penser que la charité est un trésor inaccessible puisqu'elle est au-dessus de tout. C'est le contraire qui est vrai : la charité se vit dans la simplicité. Rappelez-vous l'une des béatitudes : « Bienheureux les cœurs purs ». Dans l'Écriture, la pureté du cœur, c'est la simplicité, la transparence.
La charité n'est jamais complice du mensonge, de la combine, de la vanité.
Au verset 7, nous retrouvons la foi et l'espérance : c'est la charité qui les met en mouvement. La charité croit tout et espère tout : ce « tout » n'est pas n'importe quelle doctrine ou n'importe quel rêve. Le « tout », c'est ce que Dieu révèle et ce que Dieu prépare. Si tu aimes quelqu'un, tu crois en ce qu'il te dit et tu espères qu'il fera ce qu'il te dit.

Versets 8 à 13

C'est de là que vient le titre de ces pages. « La charité, l'amour ne passera jamais ».
Nous retrouvons le don des langues et la connaissance de foi, comme dans la première partie. Paul dit : ils disparaîtront.

Nous retrouvons aussi la foi et l'espérance, mais la charité est plus « grande ». Elle seule « ne passera jamais » car rien ne la dépasse.

Nos guides sur le troisième itinéraire

Pour ce troisième itinéraire, Théophile et son ami Nicodème changent de guides. Ils vont suivre saint Luc (dans les Actes des Apôtres) et saint Jean (dans ses épîtres). Pourquoi sont-ils de bons guides ?

LES ACTES DES APÔTRES : APPRENDRE À VIVRE EN FRÈRES

Nous avons tendance à penser que les premiers chrétiens étaient parfaits. Que s'est-il passé en réalité ? Les Actes des Apôtres nous renseigneront. Théophile et son ami découvriront que les problèmes n'ont pas marqué dès le début. Mais avec l'Esprit et sous l'autorité des apôtres, l'Église les a surmontés. Pourquoi n'en serait-elle pas capable aujourd'hui ?

SAINT JEAN : L'ÉVANGÉLISTE DE L'AMOUR

Jean, comme son frère Jacques, était fils de Zébédée, pêcheur sur le lac de Tibériade. C'était un homme ardent dans son amour pour Jésus. Il a eu besoin, lui aussi, d'être converti, car il aurait bien fait venir le feu du ciel sur un village qui refusait d'accueillir Jésus et ses compagnons. Jésus a dû lui expliquer qu'il se trompait complètement *(Lc 9,51-56)*.

La personne, les paroles et les actes de Jésus manifestent l'amour du Père. Tous les évangélistes sont bien d'accord sur ce point, mais c'est saint Jean qui en parle le plus clairement.

Dans l'évangile selon saint Jean, surtout dans les derniers chapitres, apparaît un personnage anonyme, le « disciple que Jésus aimait » *(Jn 13,23)*. Parce qu'il aime, il est le premier à croire au Christ ressuscité *(Jn 20,8)*. Ce disciple n'a pas de nom propre. Il représente tous es disciples qui vivront dans l'amour de Dieu et de leurs frères. Ce disciple, c'est Théophile lui-même, c'est aussi Nicodème s'il le veut.

A saint Jean sont atttribués :

- un évangile, le quatrième,
- trois lettres ou « épîtres »,
- le dernier livre du Nouveau Testament : l'Apocalypse.

Chant

Refrain : Fais-nous semer ton Évangile,
fais de nous des artisans d'unité,
fais de nous des témoins de ton pardon
à l'image de ton amour.

1. Seigneur Jésus, Tu nous as dit :
« Je vous laisse un commandement nouveau :
Mes amis, aimez-vous les uns les autres.
Écoutez mes paroles et vous vivrez ».

2. Tu as versé ton sang sur une croix,
pour tous les hommes de toutes les races,
apprends-nous à nous réconcilier,
car nous sommes tous enfants d'un même Père.

Théophile a aimé

Aimer,
C'est reconnaître que l'autre peut avoir raison.

Aimer,
C'est être capable de dire « Je te félicite ».

Aimer,
C'est être capable de dire : « Excuse-moi ».

Aimer,
C'est être capable de pardonner.

Aimer,
C'est savoir retenir les mots pour ne dire que la vérité

Aimer,
C'est faire silence plutôt que d'offenser.

Aimer,
C'est être capable de lutter dans la vie sans écraser les autres.

Aimer,
C'est dire à l'autre qu'on l'aime sans jamais se lasser.

Aimer,
C'est être capable de dire ensemble « Notre Père ».

Marcel Beauchemin

Tu es chrétien par et pour la charité ; par rien d'autre et pour rien d'autre…

La charité est plus que le nécessaire pour exister, plus que le nécessaire pour vivre, plus que le nécessaire pour agir…

Tu ne peux fabriquer la charité : tu la reçois… Tu ne la gagnes pas comme un concours. La charité est gratuite tout autant qu'elle est nécessaire.
Tu la gagnes en la désirant, en la demandant, en la recevant et en la transmettant.
On n'apprend pas la charité, on fait peu à peu sa connaissance, en faisant la connaissance du Christ.
C'est la foi du Christ qui nous rend capables de charité ; c'est la vie du Christ qui nous révèle la charité ; c'est la vie du Christ qui nous montre comment désirer, demander, recevoir la charité.
C'est l'esprit du Christ qui nous rend vivants de charité, agissants par la charité, féconds de charité. Tout peut servir la charité.

d'après Madeleine Delbrêl

L'AMOUR NE PASSERA JAMAIS

Aimer comme Jésus aime

Ce titre est follement ambitieux : qui pourrait se vanter d'aimer autant que le Christ nous aime, c'est-à-dire jusqu'à la Croix ? Mais il est possible d'aimer « comme » Jésus, c'est-à-dire à la manière de Jésus, dans l'esprit de Jésus : ce n'est pas étonnant puisqu'il nous a donné son Esprit. Pour aimer comme Jésus, il ne faut jamais séparer l'amour du Père et l'amour des frères. Et il faut que cet amour soit brûlant et actif.

Au début du livre de l'Apocalypse, Jésus adresse ce reproche à la communauté de Laodicée :

« Tu n'es ni chaud ni froid. Puisque te voilà tiède, je vais te vomir de ma bouche » *Apocalypse. 3, 15-16*

Cette menace vaudrait-elle pour nous ?

Aller à la rencontre des autres

JÉSUS

- Jésus est « l'Envoyé » du Père. A qui est-il envoyé ? D'abord à Israël, Peuple de la première Alliance. Mais au-delà du peuple d'Israël, c'est au monde entier que le Fils est envoyé. Tout l'Évangile montre Jésus allant à la rencontre des autres.
- Jésus est aussi celui qui se tourne vers le Père. Le retour du Fils à son Père culmine dans la Passion. A plusieurs reprises Jésus dit qu'il va là où aucun homme, même Pierre, ne peut le suivre pour l'instant. Ceux qui l'entendent ne comprennent pas. Ils pensent que Jésus veut aller dans un autre pays. En réalité, Jésus va vers son Père, en offrant sa vie.

DANS LES ACTES DES APÔTRES, UNE RENCONTRE DIFFICILE

Le livre des Actes nous montre la course de l'Évangile qui sort de Jérusalem pour atteindre tous les peuples connus. Le livre des Actes s'achève quand Paul est arrivé à Rome, centre de l'Empire Romain.

ALLONS VOIR LE LIVRE DES ACTES DES APÔTRES
LISONS LES CHAPITRES 10 ET 11

Ces chapitres sont le tournant du livre. Dieu demande à Pierre d'aller dans la maison d'un païen, Corneille, officier romain, habitant la capitale païenne de Césarée. Même s'il est sympathisant de la religion juive, ce n'est pas un Juif. Il ne pouvait pas demander à un Juif de venir chez lui. Rappelez-vous le centurion de l'Évangile : « Seigneur, je ne suis pas digne que tu viennes chez moi » *(Mt 8,8)*.

Dieu s'adresse à Corneille d'un côté et à Pierre de l'autre pour qu'ils aillent l'un vers l'autre. Quand ils sont en face l'un de l'autre, chacun des deux se justifie et semble s'excuser. Pourtant, grâce à cette rencontre, l'Esprit Saint se manifeste comme au jour de la Pentecôte. Pierre, alors, donne le baptême à Corneille et aux siens.

L'incident n'est pas terminé : quand Pierre revient à Jérusalem, il est obligé de se justifier devant la communauté. Il fait le récit des événements et, finalement, tous glorifient Dieu .

L'ÉGLISE AU LONG DES SIÈCLES

La rencontre de l'autre dans l'histoire de l'Église s'appelle la « mission ». Mission est un autre mot pour dire « envoi ». Dès qu'un pays était découvert, l'Église y envoyait des hommes, des « missionnaires ». Des femmes ont aussi risqué leur vie dans les missions.

Pour rencontrer les gens, parler avec eux, les comprendre et leur annoncer l'Évangile, le premier travail des missionnaires est d'apprendre la langue du pays.

C'est un effort immense quand il s'agit de langues aussi difficiles que le chinois ou de dialectes aussi nombreux qu'en Afrique. Le miracle de la Pentecôte se continue depuis vingt siècles.

ET NOUS ?

Les vraies rencontres sont rares. Les personnes et les groupes se regardent à distance et se jugent.
A plus forte raison, à propos de la foi, les vraies rencontres sont difficiles.
– Quels obstacles Théophile d'un côté et Nicodème de l'autre ont-ils dû vaincre pour aller l'un vers l'autre ?

– Et nous, qu'est-ce qui nous pousse à aller vers les autres et à partager l'Évangile avec eux ? C'est pourtant notre mission.

Vivre le partage

JÉSUS

Jésus reçoit tout du Père, pour tout donner aux hommes. Il refuse de rien garder pour lui, comme il refuse de s'attribuer le premier rôle. Jésus n'est pas propriétaire. Même ses disciples, c'est le Père qui les lui a donnés et il les mène vers le Père *(Jn 17, 24)*.

« De riche, il s'est fait pauvre pour vous enrichir par sa pauvreté. »

II Corinthiens 8,9

Jésus n'avait guère de biens matériels à donner puisqu'il n'avait pas où reposer la tête. Mais, avec les apôtres, il partageait le quotidien. Ils mettaient en commun leur quatre sous : l'un d'eux tenait la bourse.

DANS LES ACTES DES APÔTRES, LA VIE DE COMMUNAUTÉ

- Les apôtres avaient vécu en communauté autour de Jésus. La Passion les avait dispersés, mais ils étaient réunis dès le soir de Pâques. Nous les retrouvons le « dimanche » suivant, et Thomas est avec eux. Ils sont ensemble au Cénacle pour attendre dans la prière, avec Marie, la venue de l'Esprit Saint. Quand Pierre parle, les autres apôtres sont autour de lui. Ils resteront ensemble à Jérusalem, même pendant la première persécution que subira l'Église.

- Jésus avait envoyé ses disciples deux par deux *(Lc 10, 1)*. Quand Pierre part en mission, Jean l'accompagne. Paul, lui aussi, prendra toujours un compagnon avec lui : on n'est pas chrétien tout seul.

ALLONS VOIR LE LIVRE DES ACTES DES APÔTRES LISONS AU CHAPITRE 2 LES VERSETS 42 À 47

- A Jérusalem les premiers disciples partagent tout : non seulement leurs biens matériels mais aussi la vie quotidienne, la Parole de Dieu, la prière et l'Eucharistie. Personne ne les force à vendre leurs biens, mais ils étaient poussés à tout mettre en commun puisqu'ils étaient unis dans l'Esprit du Christ.

L'ÉGLISE AU LONG DES SIÈCLES

- A chaque époque, des hommes et des femmes ont été séduits par cette vie de partage. Ils ont formé des « communautés » religieuses : nous en reparlerons (pages 94-95). Notre époque en voit naître de nouvelles.
- Saint Paul recommandait aux chrétiens de son temps : « Soyez joyeux avec ceux qui sont dans la joie, pleurez avec ceux qui pleurent »
- Les saints sont allés très loin dans le partage des souffrances humaines. Certains y ont laissé leur vie.

Saint Vincent de Paul remplaçant un galérien.

Le Bienheureux Père Damien acceptant de s'enfermer sur une île peuplée de lépreux.

Saint Maximilien Kolbe prenant la place d'un condamné et vivant ses derniers jours en chantant.

- Les missionnaires n'ont pas seulement appris les langues locales, ils ont aussi voulu partager la vie de ceux à qui ils annonçaient l'Évangile.

ET NOUS ?

Quels sont les biens que Jésus nous donne en partage ? Ses paroles, sa vie, sa familiarité avec le Père, son Esprit. Ces dons ont-ils de la valeur pour nous ? Quels sont les biens que nous pouvons partager avec les autres ? De quoi les autres ont-ils besoin et pouvons-nous les aider à le trouver ?
Jésus a voulu que l'amour fraternel soit le signe distinctif de ses disciples.

« A ceci tous reconnaîtront que vous êtes mes disciples : si vous avez de l'amour les uns pour les autres. »
Jean 13, 35

Voulons-nous être reconnus comme disciples de Jésus ?

Se réconcilier sans arrière pensée

JÉSUS

A propos de Jésus, ses contemporains n'étaient pas d'accord entre eux *(Lc 12, 51-53)*. Pourtant, Jésus n'a qu'un seul but : réconcilier les hommes avec Dieu ; réconcilier les hommes entre eux et les réconcilier avec eux-même.

Même dans les familles, la foi en Jésus peut être source de conflit. Le conflit n'est pas toujours mauvais. Nous savons qu'il y a de fausses paix qui reposent sur le mensonge ou le silence : un jour ou l'autre, elles volent en éclats. Jésus ne veut pas de ces paix-là.

DANS LES ACTES DES APÔTRES, LA SOLUTION DES CONFLITS

Aux pages 86 et 87 les chrétiens de la première communauté étaient unanimes. Mais les conflits n'ont pas tardé. En voici trois. Regardons comment ils ont été résolus.

- Des plaintes et des jalousies se font entendre pour la distribution des repas aux plus pauvres de la communauté, les veuves. Les apôtres choisissent sept hommes : ils rendront justice à chacune *(Ac 6, 1-6)*.
- Les chrétiens de Jérusalem voyant arriver Paul, se rappellent qu'il a persécuté l'Église. Évidemment, ils lui en veulent. Barnabé servira d'intermédiaire et d'avocat en faveur de Paul *(Ac 9, 26-30)*.

- Le conflit le plus dur oppose saint Paul à certains pharisiens devenus chrétiens. Pour ceux-ci, tous les usages juifs devaient être observés, même par les païens convertis au Christ. Paul juge que c'est absurde. A Antioche la discussion est assez vive. Comment sortir de l'impasse ? La question est posée devant la communauté de Jérusalem, réunie autour de Pierre : on s'assemble, on s'écoute, on discute, on lit l'Écriture. On invoque l'Esprit Saint. Et finalement une décision est prise pour que chrétiens d'origine juive et chrétiens d'origine païenne se respectent mutuellement.

ALLONS VOIR LE LIVRE DES ACTES DES APÔTRES
LISONS AU CHAPITRE 15 LES VERSETS 22 À 31

L'ÉGLISE AU LONG DES SIÈCLES

Jésus avait prévenu son Église : son plus grand péché serait de se diviser. « Tout royaume divisé contre lui-même périra » *(Mt 22,25)*. A l'heure de la Passion, il avait prié pour l'unité de son Église *(Jn 17 21)*.

Hélas, les divisions n'ont pas manqué dans l'histoire de l'Église. Deux d'entre elles ont laissé des traces profondes :

- entre l'Église de Rome (les « catholiques ») et la plus grande partie de l'Orient (les « orthodoxes »)
- entre l'Église de Rome et les « protestants », mot qui recouvre une très grande variété de familles religieuses : luthériens, réformés, baptistes, évangélistes etc.

Plus récemment, à la suite du concile Vatican II, Monseigneur Lefebvre s'est séparé de l'Église de Rome.

Les divisions sont une réalité de toutes les époques. Quand un fossé s'est creusé, il est difficile de le combler. Beaucoup d'efforts ont été entrepris au XXe siècle, en particulier depuis le Concile Vatican II. Des observateurs chrétiens non catholiques assistèrent aux séances du Concile et un texte fut spécialement consacré à l'oecuménisme*. Bien du chemin a été parcouru. Mais il en reste à faire avant que nous puissions tous communier à la même table, à la même eucharistie.

ET NOUS ?

Nous pouvons apprendre à connaître nos frères chrétiens :

- par des amis ou des familles ;
- en participant à la prière d'autres communautés ;
- en lisant des livres d'histoire ou des documents actuels ;
- en regardant les émissions religieuses le dimanche matin ;
- en voyageant dans un pays où les chrétiens non catholiques sont nombreux.

Une fois dans l'année, au mois de janvier, une semaine est consacrée à prier pour l'unité entre les chrétiens. Cette semaine-là, de nombreuses rencontres sont organisées entre chrétiens de diverses églises.

Pour comprendre l'autre, il faut l'aimer et se connaître soi-même.

* Œcuménisme, en grec, signifie « universel ». Dans l'Église catholique un Concile est oecuménique s'il réunit les évêques du monde entier. Le premier eut lieu à Nicée (325) ; le dernier en date est Vatican II (1962-1965). Dans un sens plus large et plus récent, le mouvement « oecuménique » ou « l'œcuménisme » est la recherche de l'unité entre les communautés chrétiennes catholiques et non catholiques, à travers l'univers.

Chant

Refrain : Aimez-vous comme je vous ai aimés.
Aimez-vous chacun comme des frères.
Aimez-vous, je vous l'ai demandé :
Aimez-vous, Aimez-vous !

1. Je vous laisse la paix,
Je vous donne ma paix
Pour que vous la portiez
Autour du monde entier.

2. Soyez témoin d'amour,
Soyez signe d'amour,
Pour que vous le portiez
Autour du monde entier

Théophile a aimé

Seigneur, faites que je voie

Seigneur, faites que je voie les choses à faire
sans oublier les personnes à aimer,
que je voie les personnes à aimer,
sans oublier les choses à faire.

Faites que je voie les vrais besoins des autres.
C'est si difficile
de ne pas vouloir à la place des autres,
de ne pas répondre à la place des autres,
de ne pas décider à la place des autres.
C'est si difficile, Seigneur, de ne pas prendre
ses désirs pour les désirs des autres.
Quand ils sont si différents des nôtres.

Seigneur, faites que je voie
ce que vous attendez de moi parmi les autres.
Enracinez au plus profond de mon être
cette certitude : « On ne fait pas le bonheur
des autres sans eux ».

Seigneur, apprenez-moi à faire les choses
en aimant les personnes
Apprenez-moi à aimer les personnes
pour ne trouver ma joie
qu'en faisant quelque chose pour elles,
et pour qu'un jour elles sachent
que vous seul, Seigneur, êtes l'amour.

Norbert Segard

Les trois tamis.

Un jour, quelqu'un vint voir Socrate et lui dit :
— Écoute, Socrate, il faut que je te raconte comment ton ami s'est conduit.
— Arrête ! interrompit l'homme sage. As-tu passé ce que tu as à me dire à travers les trois tamis ?
— Trois tamis ? dit l'autre, rempli d'étonnement.
— Oui, mon bon ami : trois tamis. Examinons si ce que tu as à me dire peut passer par les trois tamis. Le premier est celui de la vérité. As-tu contrôlé si tout ce que tu veux me raconter est vrai ?
— Non, je l'ai entendu raconter et...
— Bien, bien. Mais assurément tu l'as fait passer à travers le deuxième tamis. C'est celui de la bonté. Est-ce que ce que tu veux me raconter, si ce n'est pas tout à fait vrai, c'est au moins quelque chose de bon ?
Hésitant, l'autre répondit : Non, ce n'est pas quelque chose de bon, au contraire...
— Hum ! dit le Sage, essayons de nous servir du troisième tamis, et voyons s'il est utile de me raconter ce que tu as envie de me dire...
— Utile ? Pas précisément...
— Eh bien ! dit Socrate en souriant, si ce que tu as à me dire n'est ni vrai, ni bon, ni utile, je préfère ne pas le savoir, et quant à toi, je te conseille de l'oublier....

Apologue grec

L'AMOUR NE PASSERA JAMAIS

3

Trois décisions pour la vie

Jean-Baptiste reçut l'appel de Dieu dans les débuts de sa vie. Marie était sans doute très jeune quand l'ange lui demanda d'être la mère du Messie. David lui aussi était un jeune homme quand Samuel le consacra comme futur roi d'Israël. C'était le dernier de la famille ; il était aux champs pour garder les troupeaux.
Ceux qui « font quelque chose de leur vie » y ont souvent pensé très tôt : par exemple, les sportifs ou les artistes.

Théophile et son ami Nicodème entrent dans le monde des jeunes. Mais il n'y resteront pas toujours et, durant cette étape, ils ouvrent les yeux sur ceux qui sont plus avancés dans la vie.
Comment les uns et les autres vivent-il l'amour de Dieu et de leurs frères ?
Donnent-ils envie de marcher à leur suite ?

Aimer les siens

Les sondages sont d'accord sur un point : la valeur n° 1 pour tous, quel que soit l'âge, c'est la famille. Aucune famille n'est parfaite. Beaucoup sont déchirées. Enfants et parents ne se comprennent pas toujours. Il n'empêche : chacun voudrait réussir sa vie de famille.

QU'EN PENSE JÉSUS ?

Sur la famille, Jésus a prononcé des paroles qui font choc : « Celui qui aime son père ou sa mère plus que moi n'est pas digne de moi » *(Mt 10, 37)*. Jésus appelle certains de ses disciples à tout quitter pour le suivre : c'est une « décision pour la vie ». Nous en parlerons aux pages suivantes.

Mais Jésus n'est pas venu pour détruire les familles. Tout au contraire. La preuve, c'est qu'il est lui-même né dans une famille. Marie est sa mère et Dieu qui est son Père lui donne Joseph pour veiller sur lui.

Dans la Loi révélée à Moïse, il est écrit : « Tu honoreras ton père et ta mère ». Jésus ne souhaite pas abolir la Loi mais la pousser encore plus loin. Moïse tolérait le divorce. Jésus dit : « C'était à cause de votre dureté de cœur » . Le souhait de Dieu est clair : « Que l'homme ne sépare pas ce que Dieu a uni » *(Mt 19, 6-8)*. Jésus demande parfois de quitter parents et enfants. Jamais de quitter sa femme ou son mari.

LE SACREMENT DU MARIAGE

La base de la famille est le couple des parents. S'ils se sont mariés, ils se sont engagés publiquement l'un envers l'autre. A l'église, ils se sont engagés devant Dieu et Dieu s'est engagé envers eux. C'est pourquoi le mariage durera autant que le mari et la femme vivront. Leur amour peut s'appuyer sur l'amour de Dieu. Il peut se renouveler auprès de Dieu puisque Dieu est la source de tout amour.

« De toute façon, direz-vous, je ne suis pas près de me marier ». C'est vrai, mais dès maintenant tu peux t'y préparer. Par exemple, par la façon dont tu vis ta relation avec les filles et les garçons que tu rencontres, par le choix de ce que tu lis, de ce que tu vois, de ce que tu fais. Ainsi, tu peux te donner des chances de réussir ta vie de famille dans la fidélité. Le sentiment de l'amour se transforme avec l'âge, c'est normal. Pourvu que ce soit pour grandir, comme Théophile !

DANS LA FAMILLE, AIMER DIEU, AIMER LES AUTRES

Quand nous avons voulu savoir ce que Dieu nous dit sur l'amour, nous avons lu I Corinthiens 13 (page 80) : les mots de saint Paul s'appliquent à la vie de famille. Vous pouvez vérifier. En particulier « l'amour qui pardonne tout ». Nous avons souvent besoin de nous pardonner les uns aux autres dans la vie familiale : il y a tant d'occasions de nous faire, soit du bien, soit du mal !
Parents et enfants sont des créatures à l'image et ressemblance de Dieu. Le premier lieu où nous apprenons à aimer Dieu et notre prochain, c'est la famille. Les petits enfants prient volontiers pour leur famille : et nous, y pensons-nous encore ?

Aimer ses parents, ce n'est pas leur trouver toutes les qualités : ils ne les ont pas. Mais c'est vouloir ce qui est bon pour eux, même quand ils ne sont pas de notre avis, même quand nous aurions envie de les laisser de côté. Pour vos parents, vous aimer, c'est vouloir ce qui est bon pour vous, même quand vous leur faites la tête.

Il ne faudrait pas limiter la famille à ceux qui vivent sous le même toit. La famille comprend aussi les grands-parents, les oncles et tantes, les cousins, les amis : bien des gens que nous voyons plus ou moins souvent. Certains sont sympathiques, d'autres moins ou pas du tout. Et pourtant, eux aussi doivent être aimés.

Souhaitons enfin que la famille soit un lieu ouvert et accueillant. Qu'elle ne se replie pas sur elle-même. Comment le chrétien pourrait-il aimer « les siens » s'il n'aimait pas les autres ?

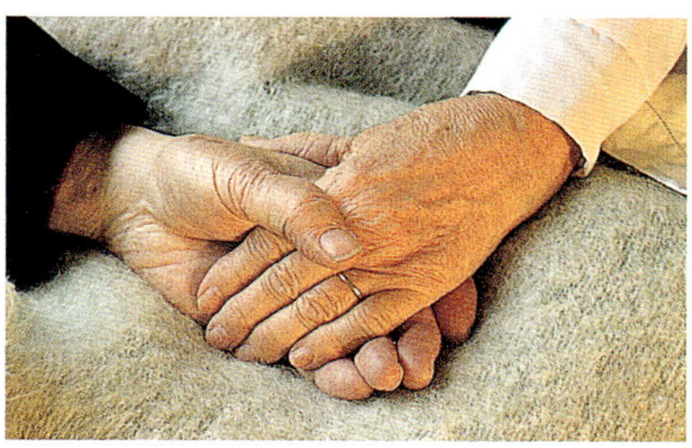

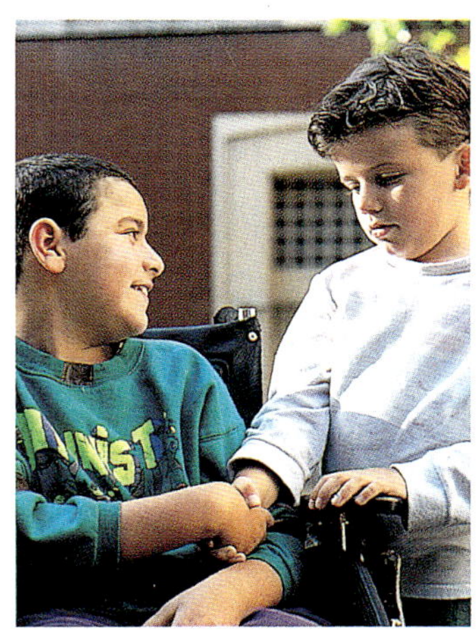

Consacrer sa vie à Dieu

La vie familiale n'est pas le seul chemin pour les disciples de Jésus. Il en appelle certains à le suivre en quittant tout. Depuis deux mille ans, cet appel n'a cessé de retentir. Les hommes et les femmes qui l'entendent, s'engagent dans la « vie religieuse ». Ils forment des « communautés religieuses » ou des « ordres religieux ». Au total, aujourd'hui, dans le monde, ils sont à peu près un million.

LES RELIGIEUX ET RELIGIEUSES SE RÉPARTISSENT EN TROIS GRANDES FAMILLES

1 **Ceux et celles qui ont consacré leur vie à Dieu pour annoncer la Bonne Nouvelle,** l'Évangile, aux hommes qui l'ignorent. Ce sont les « missionnaires ». Au XIXe siècle, un grand nombre est venu de France et a prêché l'Évangile en Afrique et en Asie. Leur travail a porté du fruit. Par exemple, malgré la persécution communiste, l'Église du Vietnam est bien vivante. Les missionnaires ont toujours pris des risques pour l'Évangile : beaucoup sont morts martyrs.

Aujourd'hui, les missionnaires venus d'Europe sont beaucoup moins nombreux. Mais des Églises plus jeunes ont pris la relève : l'Inde, la Corée, le Zaïre.

2 **Ceux et celles qui ont consacré leur vie à Dieu pour le prier** dans la retraite et le silence. Il suffit de regarder le plan d'un monastère pour comprendre à quoi leur vie est occupée.

Parmi les trois grandes familles de religieux, ceux qui donnent la priorité à la prière sont les moins bien compris : en apparence ils ne servent à rien. Ils sont là pour témoigner que « Dieu seul suffit ». Il peut combler de joie ceux qu'il appelle à le chercher sur ce chemin.

Ces hommes et ces femmes font penser aux amis de l'époux dont parle saint Jean ou au « disciple que Jésus aimait » et qui se pencha vers Jésus le soir de la Cène pour recueillir son secret.

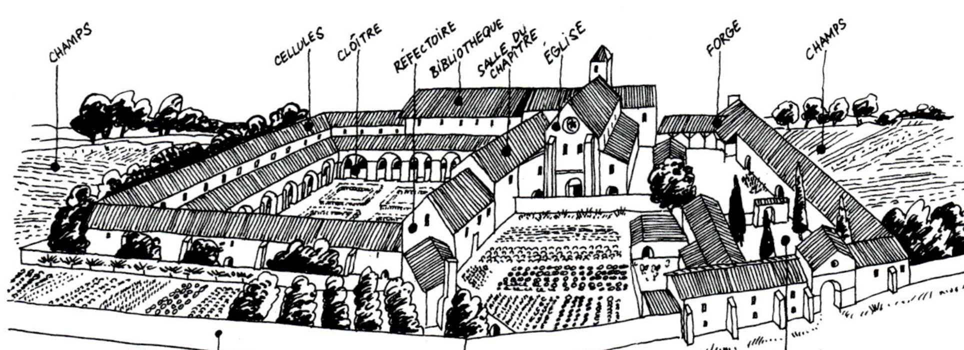

3 Ceux et celles qui ont consacré leur vie à Dieu pour le servir dans les plus pauvres.

Dès le début de l'Église, la communauté s'occupe de ses veuves (cf. page 88). Depuis 2000 ans que l'Évangile a retenti, les chrétiens ont beaucoup à se reprocher. Mais il y eut toujours des hommes et des femmes pour servir leurs frères par amour de Dieu lui-même : les soigner, les nourrir, les instruire. Deux exemples parmi tant d'autres : les Petites Sœurs des Pauvres, les Frères des Écoles Chrétiennes.

Tous les religieux ont répondu à un même appel : celui de tout donner et de bâtir leur vie sur l'amour de Dieu.

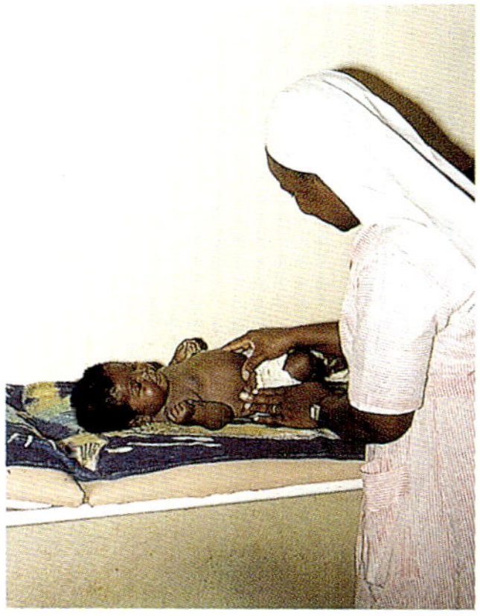

LES RELIGIEUX ET LES RELIGIEUSES SONT-ILS DES ORIGINAUX ?

Oui et non.
Oui parce qu'ils poussent jusqu'au bout l'amour de Dieu et de leurs frères. Tous les chrétiens ne sont pas appelés à vivre de cette façon.
Non, parce que chacun de nous est appelé à :
– mettre en tout premier l'amour de Dieu,
– ne pas rechercher la richesse ou la réussite personnelle,
– découvrir les appels de Dieu dans sa vie.
Les religieux ne sont pas là pour nous dispenser d'aimer Dieu et nos frères. Ils sont là pour nous réveiller et nous montrer les directions principales de la vie chrétienne.

Comme les missionnaires, nous avons à annoncer l'Évangile.

Comme ceux qui vivent dans les monastères, nous sommes capables de prier.

Comme ceux qui se consacrent aux plus pauvres, nous nous devons à nos frères.

Servir Dieu dans l'Église

Parmi les disciples qui avaient tout quitté pour le suivre, Jésus en choisit douze « pour être avec lui et pour les envoyer prêcher » *(Mc 3,4)*. Matthias remplacera Judas et Paul rejoindra le groupe des apôtres, avec une mission plus particulière en direction des païens (voir page 48). Dans les lettres de saint Paul, nous voyons se mettre en place ceux qui succéderont aux apôtres : les évêques et, autour de chaque évêque, des prêtres et des diacres.

- Le diacre reçoit le premier degré du sacrement. Son nom signifie « serviteur ». Le diacre par excellence, c'est le Christ qui s'est fait serviteur de Dieu et de ses frères, par amour.
  Depuis le concile Vatican II, des hommes mariés peuvent être ordonnés diacres. En 1995, ils étaient environ un millier en France.
  Le diacre doit veiller en particulier aux moins favorisés de la société.
  A la Messe, il lit solennellement l'Évangile et le commente.

- Le prêtre a tout d'abord été ordonné diacre. En devenant prêtre, il ne cesse pas d'être serviteur. Le prêtre par excellence, le seul prêtre, c'est le Christ : lui seul a offert au Père le sacrifice d'amour parfait.
  En Occident les prêtres sont choisis parmi les hommes qui ont accepté de donner toute leur vie à Dieu et à leurs frères sans fonder de famille : ils ressemblent aux religieux.
  Le prêtre annonce la Parole de Dieu, réunit la communauté, donne le pardon de Dieu, célèbre l'Eucharistie avec l'assemblée des chrétiens.

- L'évêque est, avec les autres évêques, successeur des apôtres. Ensemble (ils sont aujourd'hui environ quatre mille), ils ont la responsabilité d'annoncer l'Évangile au monde entier. Dans le diocèse qui lui est confié par le pape, l'évêque a la charge de pasteur (voir à la page précédente) : l'évêque par excellence c'est le Christ, le Bon Pasteur. C'est l'évêque qui normalement donne le sacrement de confirmation par lequel les baptisés vont prendre toute leur place dans l'Église.

Les responsabilités des évêques, des prêtres, des diacres ne sont pas les mêmes. Mais ils reçoivent tous un même sacrement, à des degrés divers : ils sont, les uns et les autres, consacrés par l'Esprit Saint. Être évêque, prêtre ou diacre n'est pas un métier ou un service de quelques années, c'est un engagement de toute la vie. Comme Pierre, celui qui est ordonné répond à un appel d'amour (voir page 21).

Le Bon Pasteur marche en tête du troupeau pour qu'il ne s'égare pas.

Il connaît ses brebis et les appelle une à une, comme ses brebis le connaissent.

Il veut le bien de son troupeau.

Il est capable d'aller jusqu'à donner sa propre vie.

Il s'inquiète de ceux qui sont au dehors.

Il garde le troupeau rassemblé.

Jésus est le Bon Pasteur et ceux qui sont ordonnés comme évêques, prêtres ou diacres, s'inspirent de ce modèle sans prétendre ni l'égaler, ni le remplacer.

Chant

Refrain : Tu m'appelles aujourd'hui à te suivre.
Comme hier, tu t'adresses à chacun.
Ta Parole chaque jour nous fait vivre.
A ta suite, nous devenons témoins.

1. En ces jours-là, en haut dans la colline,
Tu choisis les disciples par leur nom.
Dans ma vie, tu me faire encore signe.
Tu te tiens au seuil de ma maison.

2. En ces jours-là, au pied de la montagne,
Tu annonces le Royaume des cieux.
Dans ma vie, c'est toi qui m'accompagnes.
Ta parole résonne : bienheureux !

3. En ces jours-là, devant le tombeau vide,
Tu proclames la puissance de Dieu.
Dans ma vie, tu m'envoies et me guides.
Ton visage m'éclaire comme un feu.

Théophile a aimé

Prière des époux

Seigneur,
Tu nous as appelés à fonder ensemble ce foyer,
donne-nous la grâce de l'animer de Ton amour :
qu'il soit réconfortant pour tous ceux qui y vivront ;
que notre maison soit accueillante
à ceux qui voudront s'y réchauffer.

Apprends-nous à progresser
l'un par l'autre sous ton regard,
à faire Ta volonté tous les jours de notre vie,
à Te soumettre nos projets,
à Te demander ton aide,
à T'offrir nos joies et nos peines,
à conduire jusqu'à Toi les enfants que
Tu nous confieras.
Seigneur,
Toi qui es l'Amour,
nous Te remercions pour notre Amour.
Amen.

Tout homme possède une vocation puisque tout homme a une personnalité unique. N'imagine pas que ceux que la société appelle des artistes ou des créateurs soient les seuls à porter en eux une expression singulière ou un désir particulier. Tu es comme eux. Ta vocation vaut la leur. Mais elle est souvent un gisement enfoui que tu n'as pas eu la possibilité ou l'envie de mettre au jour et d'exploiter.
Engage-toi dans ta vocation avec la volonté de la réaliser.

Martin Gray, écrivain

Aussitôt que je crus qu'il y avait un Dieu, je compris qu'il me fallait vivre uniquement pour lui. Ma vocation date de la même heure que ma foi : Dieu est si grand ! Il y a une telle différence entre Dieu et tout ce qui n'est pas de lui !
La vocation est un appel. On ne choisit pas sa vocation, on la reçoit. On doit chercher à la connaître, prêter l'oreille à la voix de Dieu. Je veux entrer dans la vie religieuse pour tenir compagnie à Notre Seigneur. Je ne puis concevoir l'amour sans un besoin très fort de lui ressembler.

Charles de Foucauld

L'AMOUR NE PASSERA JAMAIS

3

Mais nous, nous avons cru à l'amour

Ce sont les mots de saint Jean dans sa première épître. Il continue en disant : « Dieu est Amour ». Les chrétiens ne croient pas en n'importe quel dieu.
La foi sans l'amour est une « foi morte » dit saint Jacques. « Celui qui n'aime pas n'a pas connu Dieu ». Impossible de croire vraiment sans ouvrir son cœur à Dieu et tendre la main aux autres.

Malgré tout le mal qui est autour de nous et qui est en nous, nous croyons en ce Dieu qui aime, qui nous rejoint dans notre peine et nous sauvera du mal.
Parce qu'il nous aime, nous espérons en lui.

Dieu n'est pas un solitaire

L'icône peinte par Andreï Roublev est aujourd'hui très célèbre. Roublev était un moine russe, vivant aux environs de 1400. L'Église orthodoxe le considère comme un saint.

L'œuvre de Roublev est exceptionnelle par sa beauté. Elle peint une scène biblique très souvent représentée dans l'Église d'Orient : le repas près du chêne de Mambré .

Dieu apparaît à Abraham sous la forme de trois voyageurs. Abraham leur donne l'hospitalité et leur offre un repas. Les voyageurs annoncent à Abraham le fils tant attendu. Depuis sa tente, Sara entend et rit *(Gn 18, 1-15).*

Le bizarre dans ce récit, c'est que l'auteur parle tantôt au pluriel («il vit trois hommes»), tantôt au singulier («Monseigneur, je t'en prie ...»). Les auteurs chrétiens ont pensé au mystère de Dieu qui est unique et cependant riche de ses trois personnes : le Père, le Fils et l'Esprit Saint.

Roublev représente le Père, le Fils et l'Esprit Saint sous forme de trois anges. Mais le peintre veut rendre sensible leur exceptionnelle unité ; leurs visages, jeunes, sont identiques ; ils se regardent ; le bleu se retrouve dans les vêtements des trois ; leurs ailes se touchent ; l'ensemble de la composition forme un cercle.

Le cercle n'est pas fermé. Le personnage de droite regarde vers la coupe et celle-ci est posée au bord de la table d'autel, le plus près possible de nous : la communion à Dieu nous est offerte.

* «Trinité» : mot fabriqué pour parler de Dieu, tel qu'il se révèle en Jésus. La vie circule entre ces **trois** que sont le Père, le Fils et l'Esprit Saint. Mais Dieu reste l'**unique**. Ne pas confondre «Trinité» qui est un mot original des chrétiens avec trio, triade ou tiercé.

Nicodème trouve que l'icône de Roublev est très belle. Par contre, cette idée que Dieu, l'Unique, serait à la fois Père, Fils et Saint-Esprit, lui paraît absurde : il sait qu'en mathématiques, il ne faut pas confondre le 1 et le 3.

Théophile, lui-même, ne sait trop que penser. Il interroge des témoins autour de lui : ils lui disent :

— « Théophile, regarde dans ta classe. N'y a-t-il pas de petits groupes de deux, trois ou quatre copains ? Il ne t'arrive pas de dire : "ceux-là, ils sont inséparables. Impossible de parler à l'un sans que l'autre rapplique" ? Ces copains inséparables, ils ne font qu'un, il faut les prendre ensemble ou pas du tout. Ce lien très fort qui les unit s'appelle l'amitié. »

— « Pour Dieu, il en va de même à un degré bien plus fort que pour nous. Car pour nous, l'amitié ou l'amour commence un jour, quand deux personnes se rencontrent. Il peut aussi diminuer ou disparaître. Il n'en est pas ainsi pour Dieu : pour lui, ni commencement ni fin. Son amour est éternel ».

— « Pour nous, l'unité n'est jamais totale. La preuve ? Il peut y avoir des tensions, des brouilles. Pas en Dieu. Il suffit de regarder la vie de Jésus : l'harmonie est parfaite entre son Père et lui. Avec le Père, il ne fait qu'"un" (Jn 10, 30 ; 38). Il demeure dans le Père et le Père demeure en lui. Quant à l'Esprit, lui aussi ne fait qu'un avec le Père et le Fils (Jn 16, 13-15) ».

— « C'est dans saint Jean que les rapports du Père, du Fils et de l'Esprit Saint sont le mieux exprimés : ce n'est pas étonnant car saint Jean est, par excellence, l'évangéliste de l'Amour. Le mystère[1] de Dieu est un mystère d'Amour ».

Théophile n'écoute plus car, brusquement, la vie de Dieu est devenue passionnante. « Dieu » n'est plus le nom d'un solitaire sans âge et sans joie. Depuis Jésus, « Dieu » est le nom de la plus parfaite communion, la communion dans l'amour. Sous le coup de sa découverte, Théophile se précipite chez Nicodème ...

[1] Mystère : le secret de la vie la plus personnelle de Dieu

Créés à l'image de Dieu qui est Amour

Théophile était donc parti à la recherche de Nicodème, tout enthousiaste de sa découverte. Nicodème l'écoute poliment mais n'accroche pas. Il a l'impression que son ami s'emballe pour des idées, bien éloignées de la vie quotidienne.

Théophile ne se laisse pas démonter car, en chemin, il a eu le temps d'entendre en lui-même ce reproche : « Je suis en train de rêver à un Dieu parfait au lieu de faire quelque chose, là où je suis, pour que le monde soit meilleur ».

Nous lisons dans l'Écriture :
« Dieu dit : "Faisons l'homme à notre image, comme notre ressemblance". »

Genèse 1, 26

• Théophile, Nicodème et les milliards d'autres humains sont créés à l'image et ressemblance de Dieu qui est amour et communion. Cela devrait se voir. L'apparence est contraire : les hommes passent leur temps à se déchirer. Mais, chacun, pourtant cherche à être aimé : ce n'est pas étonnant puisqu'il est créé à l'image du Fils, Bien-Aimé du Père. Quel dommage que tant et tant d'hommes l'ignorent !

• Il n'est pas étonnant non plus que je trouve de la joie quand je fais quelque chose par amour, même si personne ne le sait et si personne ne me dit « merci ». Tous ceux qui servent leurs frères disent qu'ils reçoivent plus qu'ils ne donnent. Même dans des situations très dures, ils trouvent la joie.

Les Actes des Apôtres nous livrent une parole de Jésus :
« Il y a plus de bonheur à donner qu'à recevoir. »

Actes 20, 35

Le bonheur de Dieu c'est de donner, de pardonner.
Le bonheur de l'homme est à l'image et ressemblance du bonheur de Dieu.

Qu'est-ce qui donne la force de vivre ? Pouvoir être utile à d'autres, communiquer avec d'autres. Dans une société du «chacun pour soi», même si chacun avait son logement, sa voiture et sa télé, où serait le bonheur ? Que se passerait-il dans une famille où régnerait le «chacun pour soi» ?

L'amour de l'autre est toujours un engagement envers lui. Le Père nous aime en s'engageant envers nous : Il a donné son Fils *(Jn 3, 16)*.

Le mari et la femme s'aiment en s'engageant totalement l'un envers l'autre : l'union de leurs cœurs et de leurs corps repose sur leur engagement mutuel l'un envers l'autre, pour toute leur vie, dans les bons et les mauvais jours.

L'amour des autres est un choix. Tu peux choisir d'aimer les autres ou de les ignorer. Ou encore, de les utiliser, de les exploiter.

Jean-Paul II et, avant lui, Paul VI nous appellent à construire une «civilisation de l'amour». Il y a urgence quand on voit tant d'exclus loin de nous ou même près de nous.

Dans la profession de foi, nous disons que nous croyons en la «communion des saints». Dieu seul est saint mais nous avons commencé de le devenir par notre baptême. Nous sommes en communion les uns avec les autres, nous portant les uns les autres pour nous soutenir dans la foi. C'est la face cachée de l'Église. C'est la face cachée de ton équipe.

– Vous arrive-t-il de penser que vous êtes responsables les uns des autres ?
– Vous arrive-t-il de prier les uns pour les autres ?

Dans la communion des saints, heureusement, nous pouvons nous appuyer sur ceux et celles qui sont plus avancés que nous, ceux que l'Église appelle «les saints». Elle nous recommande de les prier en attendant de les rejoindre.

L'eucharistie : le chef-d'œuvre

Revenons à l'icône d'Andreï Roublev : la Trinité. Au centre, à égale distance des trois personnages, une coupe. Quand je regarde l'icône, je vois qu'un côté de la table est resté libre : c'est celui qui est de notre côté. Il est libre pour les invités du repas.

Le récit de la Genèse s'est renversé. Abraham avait offert l'hospitalité aux trois voyageurs *(Gn 18,3)*. Ici, ce sont les trois personnages qui invitent tout homme à leur table.

Ce repas n'est autre que l'eucharistie. Nous sommes plus sensibles au signe du pain parce que nous communions habituellement au Corps du Christ. La coupe est l'autre signe de l'eucharistie du Christ. Elle contient le Sang du Christ, le sang de la Nouvelle Alliance. Théophile se rappelle la parole de Jésus, le soir de la Cène.

ALLONS VOIR L'ÉVANGILE SELON SAINT LUC,
LISONS AU CHAPITRE 22 LES VERSETS 19 ET 20

Jésus est passé par la mort mais l'Amour a vaincu la mort. Les sacrements nous donnent part à cet amour.

Saint Jean est seul à raconter ce que firent les soldats après la mort de Jésus sur la croix. Du côté de Jésus sortent du sang et de l'eau *(Jn 19, 31-37)*. L'eau du baptême dans l'Esprit Saint et le sang de l'eucharistie.

Le baptême est le sacrement de la naissance et l'eucharistie, le sacrement de l'union la plus parfaite avec Dieu et entre nous. Avec le baptême et l'eucharistie, nous tenons les deux extrémités : les autres sacrements s'enracinent dans le baptême et culminent dans l'eucharistie.

L'eucharistie : le sommet

Toutes les routes que Théophile et son ami Nicodème ont suivies cette année, aboutissent à l'eucharistie. Ils peuvent s'en rendre compte en jetant un coup d'œil sur le chemin parcouru (voir pages 112-113).

L'EUCHARISTIE EST AU BOUT DU CHEMIN DE LA FOI

Croire en Dieu, c'est croire qu'il est proche de nous et s'intéresse à nous et à tous.
Où est-il plus proche que dans l'eucharistie ?

L'EUCHARISTIE EST AU BOUT DU CHEMIN DE L'ESPÉRANCE

L'espérance est un combat contre le mal et toutes les forces de mort.
Quand Jésus annonce à ses disciples le don de l'eucharistie, il leur promet le « pain de vie » *(Jn 6)*. Celui qui le mange a la vie éternelle et « je le ressusciterai au dernier jour ». La mort n'aura pas le dernier mot.

L'EUCHARISTIE EST AU BOUT DU CHEMIN DE L'AMOUR

L'amour n'est pas un sentiment passager mais un engagement réel envers l'autre pour tout partager avec lui. Dans l'eucharistie, Dieu s'offre en communion à tous les hommes pour qu'eux-mêmes vivent en communion.

Théophile en est maintenant bien convaincu : une route qui ne mène pas à l'eucharistie n'est pas une route chrétienne.

**« Voici que je me tiens à la porte et je frappe.
Si quelqu'un entend ma voix et ouvre la porte,
j'entrerai chez lui pour souper, moi près de lui et lui près de moi. »**

Apocalypse 3, 20

Le Jeudi Saint, qui a pris son repas tout près au Seigneur ?
Le disciple bien-aimé, le Théophile par excellence.

A chacun aujourd'hui d'entendre l'invitation.
A chacun de répondre. Car Jésus dit toujours : « si tu veux ».

Chant

Prière de saint François

Refrain : *Seigneur, fais de moi un instrument de paix*
Comme un bon outil aux mains de l'artisan.
Seigneur, fais de moi un instrument de paix
En tous lieux et en tous temps.

1. *Là où est la haine*
Que je mette l'amour.
Là où est l'offense
Que je mette le pardon.
Où est la discorde
Que je mette l'union
Là où est l'erreur
Que soit la vérité.

2. *Là où est le doute*
Que je mette la foi.
Où est le désespoir
Que je mette l'espérance.
Où sont les ténèbres
Que je mette la lumière.
Où est la tristesse
Que je mette la joie.

3. *Fais que je ne cherche pas tant*
A être consolé
Qu'à consoler.
A être compris
Qu'à comprendre.
A être aimé
Qu'à aimer.

4. *Car c'est en donnant*
qu'on reçoit,
En s'oubliant soi-même
Qu'on se retrouve.
C'est en pardonnant
Qu'on obtient le pardon.
Et c'est en mourant
Qu'on reçoit la vie;

Apprends-nous, Seigneur,
à Te choisir tous les jours,
à redire ton oui
en chacun de nos actes.

Donne-nous de Te suivre sans peur
et de T'aimer plus que tout.
Rends-nous frères,
Toi qui nous as rassemblés.

Fais de nous les témoins devant tous
de ce que nous avons vu et entendu,
de ce que nous croyons et vivons,
pour que tout homme avec nous,
reconnaisse en Toi l'unique Seigneur.

Amen.

Prière du MEJ

L*a compassion, sommet de l'amour*

La compassion est une qualité de présence qui fait que celui qui est dans la détresse ne se sent plus tout seul et peut reprendre courage. Jésus, dans son agonie, a dit son besoin d'avoir trois apôtres avec lui : « Ne pourriez-vous pas veiller une heure avec moi ? » Mais ils se sont endormis et sa souffrance n'en a été que plus grande.

Si la compassion est une présence, elle se manifeste par des signes de délicatesse, de tout petits signes : une lettre, un coup de téléphone, un regard de compréhension, une chose donnée avec discrétion qui disent : « Je suis avec toi ; je porte tout avec toi ». Ainsi, la compassion est une communication cachée et discrète, une espérance. La compassion est alors le sommet de l'amour.

Jean Vanier

Le mariage

Les sacrements sont toujours donnés par quelqu'un d'autre : l'évêque, le prêtre ou le diacre. Le mariage, lui aussi, est donné par quelqu'un d'autre : celui (ou celle) qui devient le mari (ou la femme). Le prêtre ou le diacre est présent pour montrer que le mariage n'est pas seulement une affaire personnelle ou une affaire de famille. Par le mariage, le couple entre dans l'Église comme chacun y entre par le baptême.

LA LITURGIE DE LA PAROLE

Voici les passages de l'Écriture le plus souvent choisis par les fiancés eux-mêmes (pour la commodité, nous les appellerons Théophile et Philothée).

- Bâtir sur le roc — Matthieu 7, 24-29
- Le mariage vient de Dieu — Matthieu 19, 3-6
- Jésus présent aux noces de Cana — Jean 2, 1-11
- L'amour, la fidélité et le don — Jean 15, 9-16
- Quand l'amour s'appelle la charité — I Corinthiens 13

L'ENGAGEMENT

Le prêtre	« Théophile et Philothée, vous allez vous engager l'un envers l'autre. Est-ce librement et sans contrainte ? »
Théophile et Philothée	« Oui. »
Le prêtre	« Vous allez vous promettre fidélité. Est-ce pour toute votre vie ? »
Théophile et Philothée	« Oui, pour toute notre vie. »
Le prêtre	« Acceptez-vous la responsabilité d'époux et de parents ? »
Théophile et Philothée	« Oui, nous l'acceptons. »

UN « OUI » QUI N'EST PAS COMME LES AUTRES

Théophile	« Philothée, veux-tu être ma femme ? »
Philothée	« Oui, je veux être ta femme. Et toi Théophile, veux-tu être mon mari ? »
Théophile	« Oui, je veux être ton mari. »
Philothée	« Je te reçois comme époux et je me donne à toi. »
Théophile	« Je te reçois comme épouse et je me donne à toi. »
Théophile et Philothée	« Pour nous aimer fidèlement, dans le bonheur ou dans les épreuves, et nous soutenir l'un l'autre, tout au long de notre vie. »

LES ALLIANCES

Théophile	« Philothée je te donne cette alliance, signe de notre amour et de notre fidélité. »
Philothée	« Théophile je te donne cette alliance, signe de notre amour et de notre fidélité. »

APRÈS LE NOTRE PÈRE

« Seigneur, notre Dieu, tu as appelé par leur nom Théophile et Philothée pour qu'en se donnant l'un à l'autre ils deviennent une seule chair et un seul esprit... En recevant le pain de vie et la coupe de bénédiction,
qu'ils apprennent à donner leur vie pour les autres ;
qu'ils élèvent dans la fidélité à l'Évangile les enfants qui naîtront de leur amour ;
qu'ils soient utiles au monde où ils vivront... et viennent souvent renouveler **leur alliance**
en communiant ensemble au corps ressuscité de Jésus-Christ. »

L'ordination d'un prêtre

Parmi ses disciples, Jésus a choisi « Les Douze » pour « être avec lui et pour les envoyer prêcher » *(Marc 3, 14)*. Il leur envoya l'Esprit Saint avec le pouvoir de remettre les péchés *(Jean 20, 22)*. Dès les débuts, l'Église fit de même et demanda à Dieu de lui donner des évêques, des prêtres et des diacres. Une consécration spéciale introduit ceux que Dieu choisit et qui répondent à cette vocation à entrer dans l'ordre des évêques, des prêtres ou des diacres. D'où le nom du sacrement : « ordination ».

LA PRÉSENTATION

Ceux qui doivent être ordonnés sont appelés par leur nom. Ils répondent « me voici ». L'évêque demande alors le témoignage de ceux qui les connaissent de longue date et les ont formés en vue de la tâche qui, désormais, sera la leur.

L'ENGAGEMENT

— Voulez-vous devenir prêtres, collaborateurs des évêques dans le sacerdoce, pour servir et guider le peuple de Dieu sous la conduite de l'Esprit Saint ?
— Oui, je le veux.
— Voulez-vous accomplir fidèlement le ministère de la Parole, c'est-à-dire annoncer l'Évangile et exposer la foi catholique.
— Oui, je le veux
— Voulez-vous célébrer avec foi les mystères du Christ, selon la Tradition de l'Église, pour la louange de Dieu et la sanctification du peuple chrétien ?
— Oui, je le veux.
— Promettez-vous de vivre en communion avec moi et mes successeurs dans le respect et l'obéissance ?
— Je le promets.

LA SUPPLICATION

L'assemblée prie le Christ et tous les saints pour ceux qui vont être ordonnés. Pendant cette prière, les futurs prêtres sont couchés sur le sol de l'église, la face contre terre.

L'ÉVÊQUE ET LES PRÊTRES IMPOSENT LES MAINS

Ce geste remonte à l'époque des apôtres (II Timothée 1, 6). L'évêque impose les mains en silence. Les prêtres accomplissent le même geste, toujours en silence.

LA PRIÈRE DE CONSÉCRATION

« Nous t'en prions, Père tout-puissant, donne à tes serviteurs que voici d'entrer dans l'ordre des prêtres. Répands une nouvelle fois au plus profond d'eux-mêmes l'Esprit de sainteté. Qu'ils soient de fidèles collaborateurs des évêques pour faire parvenir à toute l'humanité le message de l'Évangile et pour que toutes les nations rassemblées dans le Christ soient transformées en l'unique peuple de Dieu. »

LE VÊTEMENT LITURGIQUE

Les nouveaux prêtres reçoivent l'étole et le chasuble qu'ils porteront désormais pour célébrer la Messe.

LE SAINT-CHRÊME

L'évêque marque, avec le Saint-Chrême, les mains des nouveaux prêtres. Il leur remet ensuite le calice et l'hostie qui serviront pour l'eucharistie. « Recevez l'offrande du peuple saint pour la présenter à Dieu. Prenez bien conscience de ce que vous ferez, vivez ce que vous accomplirez, et conformez-vous au mystère de la croix du Seigneur. » Les nouveaux prêtres concélèbrent ensuite la Messe avec l'évêque et les autres prêtres.

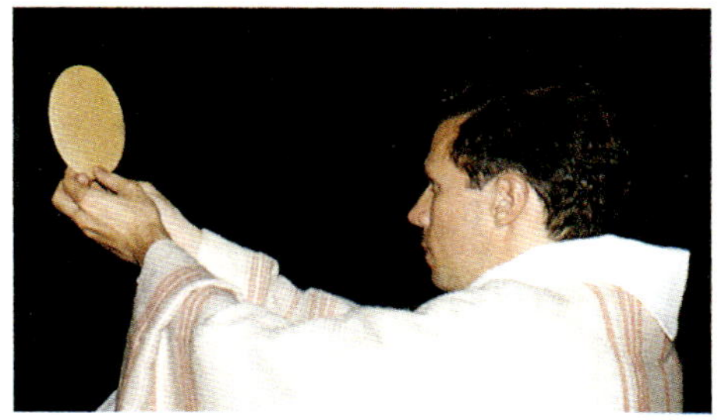

L'eucharistie

Les gens ne sont jamais contents. Ils disent qu'ils sont « perdus » à la Messe. En même temps, ils se plaignent parce que « c'est toujours pareil », sans être capables de dire ce qui se passe. Voulez-vous, une fois, faire un effort pour repérer les grands moments de la Messe ? Ils sont au nombre de quatre, les deux du milieu étant les plus importants.

1. UN TEMPS POUR SE RASSEMBLER

Ce temps devrait commencer la veille : penser au Christ qui nous donne rendez-vous. Lire les textes du lendemain, au moins l'Évangile, dans le Missel des dimanches. Le dimanche matin, se lever ! Partir un peu en avance. Sonner à la porte du copain qui est sur le chemin et qui va à la messe s'il est sûr que j'y vais aussi. Dans l'église, ne pas rester dans le fond. Prendre la feuille ou le livre des chants, et s'en servir.

- Le prêtre nous souhaite la bienvenue au nom du Père et du Fils et du Saint Esprit.
- Il nous invite à demander et à recevoir le pardon de Dieu : « *je confesse à Dieu* », « *Seigneur prends pitié* ».
- Nous chantons le « *Gloire à Dieu* ».
- Le prêtre dit une prière à l'intention de ceux qui sont là.

2. UN TEMPS POUR ÉCOUTER LA PAROLE DE DIEU, LA MÉDITER ET LUI RÉPONDRE PAR UNE PAROLE DE FOI

- Première lecture : prise d'habitude dans l'Ancien Testament.
- Chant de méditation : normalement un psaume.
- Deuxième lecture : prise dans les lettres (épîtres) des apôtres, saint Paul en tête. D'où l'intérêt d'avoir fait connaissance, cette année, avec saint Paul.
- Alleluia.
- Évangile : c'est le Christ lui-même qui s'adresse à nous. Aussi l'Évangile est-il entouré de plus d'honneur. Le prêtre lit l'Évangile lui-même ou le confie à un diacre. Tous se lèvent pour accueillir le Christ qui parle aujourd'hui dans son Évangile. Certaines paroisses possèdent un évangéliaire de grande taille, orné d'illustrations. Parfois, cierges et encens entourent le lecteur.
- Le prêtre commente les lectures : homélie. Le prêtre s'efforce de se faire comprendre ; il faut essayer, nous aussi, de le comprendre. Il y a toujours quelque chose à tirer d'une homélie.
- Nourris de la Parole, nous répondons à Dieu par une parole de foi : profession de foi (Credo).

3. UN TEMPS POUR CÉLÉBRER L'EUCHARISTIE

« Il prit » Nous présentons à Dieu les besoins de tous les hommes : *prière universelle*.
Nous lui présentons le pain et le vin « fruits de la terre et du travail des hommes » : *offertoire*.
Nous recueillons l'argent nécessaire pour la vie de la paroisse, la mission de l'Église, la solidarité : *c'est la quête*. Le prêtre prie sur les offrandes.

« Il rendit grâce » Commence alors la prière eucharistique proprement dite.

• Toutes les prières eucharistiques s'ouvrent par ce dialogue :

– « Le Seigneur soit avec vous
– Et avec notre esprit.
– Élevons notre cœur,
– Nous le tournons vers le Seigneur.
– Rendons grâce au Seigneur notre Dieu.
– Cela est juste et bon. »

- **Elles chantent la souveraineté de Dieu et sa venue**

Saint ! Saint ! Saint ! le Seigneur,
Dieu de l'univers !
Le ciel et la terre sont remplis de ta gloire.
Hosanna au plus haut des cieux.
Bénis soit celui qui vient au nom du Seigneur.
Hosanna au plus haut des cieux.

- **Elles appellent ce que fit Jésus le soir de la Cène**

Il prit le pain, il rendit grâce, il le rompit
et le donna à ses disciples en disant :
« Prenez et mangez-en tous
Ceci est mon corps livré pour vous »
Il prit la coupe. De nouveau, il rendit grâce et la donna à ses disciples, en disant :
« Prenez et buvez-en tous,
car ceci est la coupe de mon sang,
le sang de l'alliance nouvelle et éternelle
qui sera versé pour vous et pour la multitude
en rémission des péchés.
Vous ferez cela en mémoire de moi. »

- **Elles se terminent par la même invitation à louer Dieu par son Fils**

Par lui, avec lui et en lui
à toi, Dieu le Père tout puissant, dans l'unité du Saint-Esprit,
tout honneur et toute gloire pour les siècles des siècles. Amen.

En dehors de ces quatre moments, chaque prière eucharistique est différente. Mais chacune exprime à sa façon :

- la reconnaissance (« eucharistie ») à Dieu pour ce qu'il nous donne et surtout pour son Fils ;
- l'attente de l'Esprit Saint pour que le pain et le vin soient consacrés en Corps et Sang du Christ ;
- l'offrande de Jésus à son Père et notre offrande avec lui ;
- la prière pour les vivants et pour les morts ;
- la communion avec l'Église entière, celle de la terre et celle du ciel.

« Il rompit » Nous prions le Notre Père : « délivre-nous du mal ».
Le prêtre fractionne l'hostie pendant que nous chantons l'*Agneau de Dieu*.
Nous échangeons un signe de paix : plus qu'un simple sourire, c'est un engagement à être « artisans de paix ».

« Il donna » Nous communions au Corps du Christ : soit nous chantons, soit nous prions dans le silence et le secret celui qui s'est fait si proche de nous. C'est une prière de confidence.

4. UN TEMPS POUR REPARTIR

Le prêtre prie pour que cette Messe se prolonge dans nos vies. Nous nous rasseyons pour écouter les informations sur la vie de la paroisse ou sur d'autres activités de l'Église. Le prêtre nous bénit, comme il nous a accueillis, « au nom du Père et du Fils et du Saint-Esprit ». Il nous envoie dans la paix du Christ. Ordinairement, nous chantons. Nous ne nous séparons pas sans avoir dit « au revoir » aux uns ou aux autres. Ce quatrième temps est assez court : nourris de la Parole et du Pain de vie, nous retrouvons notre vie habituelle, pour y témoigner du Christ auprès de tous.

DOSSIERS

Ezéchiel
DAMAS

AIDE HUMANITAIRE

A Babylone, que disait la religion sur l'origine du monde ?

En 587 avant Jésus-Christ, Jérusalem tombe entre les mains du roi de Babylone. L'élite du peuple est déportée dans cette région qui correspond à l'Irak d'aujourd'hui. Pendant les cinquante ans de leur exil, les Juifs entendent ce que racontent les prêtres de là-bas. En particulier sur l'origine du monde. Un poème était lu tous les ans, à la fête de la Nouvelle Année. En voici le résumé.

Tout sort des eaux, y compris le premier couple, Apsou et Tiamat, qui vont donner naissance à tous les dieux. Dans la Bible, il n'y a pas de couple divin. Pas de dieux qui se reproduisent à la manière humaine. Le Père, le Fils et l'Esprit Saint ne forment pas une famille. Dieu est Un. Les Trois sont inséparables.

Le désordre naît dans les jeunes générations des dieux : ce n'est pas d'hier que les jeunes dérangent les vieux ! Apsou veut les faire disparaître.

Les jeunes dieux sont mis au courant et l'un d'eux, Ea, endort Apsou, l'enchaîne et le met à mort. Avec son épouse Damkina, Ea donne le jour à un nouveau dieu, plus puissant que tous les autres, Mardouk.

Apsou étant mort, la lutte reprend contre son épouse, Tiamat. Les dieux anciens, Tiamat à leur tête, se liguent contre les jeunes. Tiamat enfante des serpents monstrueux pour les attaquer. Les jeunes dieux s'inquiètent et mettent leur confiance en Mardouk. Arrive l'heure du combat suprême. Mardouk met à mort Tiamat et fait prisonnier le conseiller de Tiamat, Kingou.

Jusqu'ici, il n'a pas été question du monde, mais seulement des dieux : il semble que leur plus grande occupation soit de se faire la guerre. Quand l'homme imagine les dieux, il les invente sur son modèle : jaloux et violents. Théophile appréciera la différence avec ce que l'Écriture nous dit de Dieu « en qui il n'y a pas de ténèbres » (I Jean 1, 5).

Le Seigneur Mardouk alors mit le pied
sur la croupe de Tiamat,
De son couteau, il lui fendit le crâne,
il lui trancha les veines,
puis, détendu, le Seigneur examina le cadavre.
Du monstre partagé, il voulut tirer une œuvre d'art.
Le coupant donc en deux comme un poisson séché,
il en assujettit la moitié pour faire la voûte céleste.

L'autre moitié constitue la terre. Ainsi donc pour la religion de Babylone, le ciel et la terre sont le cadavre d'un dieu mis à mort par un de ses descendants. Genèse 1 dit au contraire : Dieu créa par sa seule parole et, à chaque étape de sa création « vit que cela était bon ».
L'origine de l'homme est encore pire.

Mardouk résolut de créer une grande œuvre.
« Je veux faire un réseau de sang,
former une ossature, pour produire une espèce d'être dont le nom sera "homme".
Que sur lui repose le service des dieux, pour leur soulagement ».

Comme le monde fut créé à partir du cadavre de Tiamat, l'homme naîtra par la mort du dieu, Kingou, le conseiller de Tiamat.

Après l'avoir ligoté,
ils lui firent subir son châtiment,
ils lui tranchèrent les veines.
De son sang, il créa l'humanité.
Il lui imposa le service des dieux,
pour les en dégager.

Ainsi donc, pour Babylone, l'homme est né d'un dieu méchant. Il exécute sa punition : servir les autres dieux. Comme nous sommes loin de l'Écriture où Dieu bénit l'homme et la femme, leur confie son pouvoir et « voit que cela est très bon ! »

L'affaire Galilée

Quand il est question de la science et de la foi, un nom revient toujours : Galilée

Galileo Galilei est un italien. Il est né à Pise (là où la tour est penchée) en 1564. Passionné de mathématiques, il devient professeur d'université à Padoue et se spécialise dans l'astronomie. Il s'adonne aux calculs sur le cours des astres mais aussi à l'observation grâce à une lunette astronomique perfectionnée.

Il se convainc ainsi que la vieille manière de considérer le ciel est fausse et que Copernic – un chanoine polonais – cinquante ans plus tôt avait raison de dire : ce n'est pas le soleil qui tourne autour de la Terre ; c'est la Terre qui tourne autour du Soleil. Cette affirmation paraissait contraire au bon sens : nous ne sentons pas la Terre tourner et nous voyons le Soleil « se lever » et « se coucher ». Elle paraissait aussi contraire à l'Écriture : si l'homme est le sommet de la Création, la Terre où il habite doit être au centre de l'univers. La philosophie du temps avait la même vision du monde : la Terre au centre ; le Soleil, la lune et les étoiles tournant autour de la Terre.

Copernic avait publié ses conclusions mais les avait présentées seulement comme des hypothèses : il n'avait pas été inquiété. Galilée est doté d'un tempérament colérique ; il est très affirmatif dans ses certitudes et n'admet guère la discussion. Les difficultés n'arriveront pourtant que sur le tard : en 1632-1633. Galilée a presque 70 ans : un tribunal d'Église l'oblige à renoncer aux convictions scientifiques qu'il avait acquises. En termes de droit, il « abjure ». La légende prétend qu'après avoir prêté le serment,il frappa le sol d'un vigoureux coup de pied et murmura et « pourtant, elle tourne ».

Pourquoi l'« affaire Galilée » avait-elle pris une telle ampleur ?

Pas seulement à cause des conclusions scientifiques auxquelles Galilée était parvenu. Mais parce que Galilée pensait qu'il fallait désormais séparer le domaine de la science et l'enseignement de l'Écriture. Il écrit, entre autres, ces lignes qui paraissent aujourd'hui évidentes : « La Bible n'a pas été écrite pour nous enseigner l'astronomie, l'intention du Saint-Esprit n'est pas de nous montrer comment vont les cieux, mais comment aller au ciel ».

Après des siècles où la science, la philosophie et la foi avaient vécu en totale unité, les distinctions de Galilée faisaient scandale. Aujourd'hui encore, certains groupes chrétiens, en particulier aux États-Unis, prétendent qu'il faut lire les récits de la Genèse à la lettre.

Le mauvais procès et la condamnation injuste de Galilée ne doivent pas faire oublier que de nombreux hommes d'Église furent de grands savants à son époque.

La condamnation de Galilée ne fut officiellement annulée qu'au XIXe siècle. Jean-Paul II exigea de faire davantage la lumière sur cette affaire qui a causé tant de mal à l'Église catholique. Il fait rouvrir les dossiers par des scientifiques et des historiens et publia leurs conclusions : il faut avoir le courage de reconnaître quand on s'est trompé.

La Réforme et l'Œcuménisme

Le XVe siècle a inventé l'imprimerie, repris contact avec les auteurs païens de l'Antiquité, découvert l'Amérique, développé les banques, vu « renaître » les Arts (d'où le nom de « Renaissance » donné à cette époque).

Alors que tant de changements bouleversaient l'Europe, l'Église n'était pas en très bonne santé : monastères trop riches, évêques incompétents, prêtres ignorants, dévotions encombrantes, pouvoirs politiques trop influents. Quant aux papes, revenus d'Avignon à Rome, ils goûtaient la culture de la Renaissance, mais ne se souciaient guère des fidèles. Ils les pressuraient plutôt, échangeant des indulgences contre l'argent dont ils avaient besoin pour reconstruire Saint-Pierre de Rome. La Réforme qui deviendra protestante est donc partie d'un besoin religieux authentique. L'histoire a retenu deux noms, bien que les Réformateurs aient été beaucoup plus nombreux : Luther et Calvin.

Martin Luther

Malgré tous ses efforts, ce jeune moine allemand ne connaît ni la joie ni la paix dans la vie religieuse. La lecture de saint Paul le libère de ses inquiétudes : Dieu n'attend de nous que la foi, la foi seule. Les textes, les cérémonies, les commandements de l'Église ne servent pas à grand chose. Ils risquent même de détourner le croyant de la seule vérité qui compte : l'Écriture Sainte.

Le premier acte public de Luther est l'affichage de 95 thèses contre les indulgences, en 1517. Vite, les princes allemands soutinrent Luther, car ils voyaient en lui le moyen de s'affranchir du pouvoir de l'empereur catholique (Charles Quint), en même temps que du pape. Les États allemands appliquèrent donc un principe qui nous paraît étrange aujourd'hui : la population aura la religion du prince qui la gouverne.

La rupture de Luther avec l'Église catholique est définitive en 1521. Il mourra en 1546 : dans ces vingt-cinq années, il aura le temps de traduire l'Écriture Sainte en allemand et de rédiger un Grand et un Petit Catéchisme *pour instruire les fidèles.*

Jean Calvin

*Quand Luther affiche ses thèses, Jean Calvin n'a que huit ans. Il est français, originaire de Noyon, dans l'Oise. A 25 ans, il adhère à la Réforme. Mais, dès l'année suivante (1534), il doit fuir la France. En effet, François Ier voudrait éviter que son royaume soit divisé entre Catholiques et Réformés. Quand ceux-ci placardent leurs déclarations jusque dans le palais du roi (« affaire des placards »), François Ier les poursuit. Prudemment, Calvin s'exile en Suisse. Il publie, en français, l'*Institution de la Religion Chrétienne, *livre de référence de la doctrine réformée.*

De 1537 à 1539, puis de 1541 à sa mort en 1564, Calvin réside à Genève. Il y fonde une Église très structurée qui prend en charge toute la vie des fidèles. Les autorités religieuses surveillent les idées et les actes des habitants.

Le nom de « protestants » vient d'un épisode historique : en 1529, des princes allemands luthériens « protestèrent » contre l'empereur Charles Quint. Le nom de « Réformés » est ordinairement attribué aux églises influencées par Calvin : en effet, celui-ci poussa la réforme beaucoup plus loin que Luther et prit une distance plus grande encore avec l'Église et la foi catholique. Par exemple en ce qui concerne la Cène par rapport à la Messe ou le pasteur par rapport au prêtre catholique.

Bientôt 500 ans déjà...

Les oppositions entre Catholiques et Protestants donnèrent lieu, en France, aux guerres de religion. Celles-ci étaient dirigées par des familles princières, rivales l'une de l'autre, plus que par les fidèles de part et d'autre. Elles furent cruelles et interminables (1562-1598). Un nom est resté dans les mémoires : la nuit de la Saint-Barthélémy, à Paris, le 24 août 1572. Ceux qui étaient supposés appartenir au «parti protestant» furent massacrés sur l'ordre de Catherine de Médicis.

La lutte ayant été principalement politique, c'est la politique qui l'apaisa. Henri IV constata que la France était restée à 90 % catholique. Bien qu'ayant été élevé plutôt dans la religion protestante, il opta pour la foi catholique et fut sacré roi, à Chartres, en 1594. Quatre ans plus tard, en 1598, par l'Édit de Nantes, il accorda la liberté de culte aux Protestants. L'Édit fut révoqué par Louis XIV en 1685. Cent ans plus tard, nouveau changement ; en 1787, Louis XVI signe, en faveur des Protestants : L'Édit de Tolérance. Aujourd'hui, les Protestants sont environ 900 000 en France : Luthériens dans l'Est, Réformés dans le Sud-Est du Massif Central et dans les Deux-Sèvres. Sans parler de ceux qui sont dispersés un peu partout en France.

Près de 500 ans plus tard

Les relations entre Catholiques et Protestants restèrent gelées jusqu'au XXe siècle. La Réforme vit se multiplier ses branches, en Europe mais aussi aux États-Unis : face à cette situation, le Conseil Œcuménique des Églises vit le jour en 1948. L'Église Catholique y envoie des observateurs et s'intéresse de plus en plus étroitement à ses travaux. En fait les premières initiatives de dialogue entre Catholiques et Protestants remontent à l'entre-deux guerres (1918-1939). C'est à cette époque que fut lancée la Semaine de prière pour l'unité des chrétiens (chaque année, au mois de janvier). Le Concile Vatican II accueillit des observateurs protestants et, dans ses textes, encouragea la recherche de l'unité, l'«œcuménisme» (voir page 89). Le geste le plus spectaculaire fut la rencontre, à Jérusalem, en 1964, du pape Paul VI et du patriarche orthodoxe Athénagoras. Mais les rencontres avec les Protestants, que ce soit sur le terrain ou entre responsables d'Églises, sont aujourd'hui innombrables.

Des problèmes sérieux se posent encore : sur l'Église, les sacrements, la Vierge Marie, les prêtres, le rôle du pape. Jean-Paul II a souhaité que des étapes décisives soient franchies d'ici l'an 2000 pour mieux répondre à la prière du Christ : «Que tous soient un».

Le Judaïsme

Le peuple juif n'a pas disparu voici deux mille ans. Pourtant, en 70, Jérusalem est prise une nouvelle fois par les Romains et le Temple est détruit. Les Juifs sont dispersés tout autour du Bassin Méditerranéen. Quelques années plus tard, le nom même de Jérusalem sera supprimé et les Juifs, de même que les chrétiens, seront interdits de séjour en Terre Sainte.

L'histoire des Juifs depuis 2000 ans a été fort troublée, souvent tragique. Dans la plupart des cas, la communauté juive était tenue à l'écart. Elle était cantonnée dans certains quartiers et certaines professions. Quand il y avait un problème, les Juifs étaient souvent tenus pour coupables et subissaient la persécution de la part des chrétiens.

Le XXe siècle a connu la pire de ces persécutions : sous le régime nazi, 6 millions de Juifs sur les douze ou treize millions qui vivaient dans le monde en 1939, ont été mis à mort dans les camps de concentration.

Au lendemain de la IIe guerre mondiale, les Juifs ont obtenu de l'ONU la reconnaissance de l'État d'Israël : désormais les Juifs ont un pays où ils pourraient se réfugier s'ils étaient, à nouveau, menacés de persécution. Depuis 50 ans, Israël cherche à se faire une place parmi les peuples du Proche-Orient : la guerre et l'incompréhension mutuelle feront-elles place à la paix ?

Aujourd'hui, les Juifs sont environ 13 millions au total : 4 millions en Israël, au moins 6 millions aux États-Unis, 530 000 en France. Presque tous les pays du monde, même en Afrique ou en Asie, comportent une communauté juive.

La cellule de base pour la religion juive est la famille. C'est au sein de la famille que se prend le repas du sabbat ou celui de la Pâque. Les hommes se retrouvent à la synagogue pour écouter le rabbin et prier sous sa direction. Le rabbin n'est pas un prêtre qui offrirait un sacrifice : depuis la ruine du Temple en 70, l'offrande des sacrifices est interrompue puisqu'elle ne pouvait avoir lieu qu'au Temple. Il n'est pas question aujourd'hui de reconstruire le temple de Jérusalem. La « liturgie » juive est donc tout entière tournée vers la Parole. La tradition juive attache une très grande importance à l'étude de l'Écriture (Tora) et à la discussion, pour mieux comprendre l'Écriture : c'est ce que Jésus pratique à Jérusalem quand il y monte à l'âge de 12 ans.

Dans la vie publique, les Juifs se distinguent par le repos du sabbat et certaines exigences sur les questions alimentaires : nous voyons déjà ces questions posées au temps de Jésus.

Deux grandes fêtes chrétiennes trouvent leur origine dans les fêtes juives :
– la **Pâque** (Pessah), rappelant la libération d'Egypte ;
– la **Pentecôte** (Shavouot), rappelant le don de la Loi à Moïse.
– la fête des Tentes (Sukkot) rappelle la marche à travers le Désert. Deux autres fêtes sont très populaires :
– les Expiations (Yom Kippour), à l'automne, pour la pardon des péchés ;
– les Lumières (Hannuka) à la mi-décembre, rappelant la purification du Temple après sa profanation par Antiochus IV (IIe siècle av J.C.).

L'Islam

En France, l'islam est la deuxième religion par le nombre de ses fidèles : environ trois millions.

Le prophète

Le fondateur de l'islam s'appelle Mohammed (autrefois, en français, on disait Mahomet). Il naît vers 570 et meurt en 632 après Jésus-Christ dans l'Arabie Saoudite d'aujourd'hui. Son métier était de guider des caravanes à travers le désert. Au hasard des étapes, il rencontrait des gens aux croyances diverses : des Juifs, des païens, des chrétiens en marge de l'Église. Dans cette confusion, Mohammed ressentit que Dieu, nécessairement, était l'unique. Il l'adore sous le nom de Allah. Il pensa que sa mission était de rappeler aux hommes cette vérité centrale. La profession de foi des musulmans proclame donc : «il n'y a pas d'autre Dieu qu'Allah et Mohammed est son prophète».

Mohammed commence à prêcher à la Mecque, ville où l'on vénérait depuis longtemps une pierre noire, toujours conservée aujourd'hui. Mohammed se heurte aux païens de la Mecque et il est obligé de s'enfuir : c'est l'Hégire, la «sortie», en 622. En islam, les dates se comptent à partir de l'Hégire : ainsi l'an 2000 sera l'année 1421 (les musulmans comptent en année lunaire de 354 jours au lieu de 365).

Des partisans de plus en plus nombreux se groupent autour du Prophète. Ils s'arment et commencent à dominer la région. Dès 630, ils se rendent maîtres de la Mecque et consacrent à l'islam le vieux sanctuaire païen. A la mort de Mohammed, le domaine de l'islam est déjà considérable. Il s'étendra très vite, si bien qu'en 732, les troupes musulmanes sont parvenues à Poitiers : Charles Martel les repousse mais la présence musulmane durera en Espagne jusqu'à la fin du XVe siècle.

Aujourd'hui, l'islam compte environ 1 milliard de fidèles : originaire du Moyen-Orient, il s'est largement répandu en Asie. Les musulmans les plus nombreux se trouvent en Indonésie et au Pakistan.

Foi et pratiques musulmanes

L'islam repose sur cinq piliers.

- *La profession de foi — Islam signifie «obéissance, soumission». Le musulman fait confiance à Dieu en toutes choses. Il croit tout ce que le Prophète a noté par écrit dans le Coran, sous la dictée de Dieu.*
- *La prière — Cinq fois par jour, seul ou avec d'autres, le musulman se tourne vers la Mecque pour prier. La prière s'accompagne de gestes qui expriment avant tout l'adoration et la disponibilité. Le vendredi, au milieu de la journée, le muezzin appelle à la grande prière que dirige l'imam.*
- *Le jeûne — C'est par le jeûne du mois de Ramadan que les musulmans marquent le plus nettement qu'ils appartiennent à la communauté de l'islam. Du lever au coucher du soleil, les adultes ne mangent ni ne boivent. Le soir et la nuit, ils se réunissent pour deux repas joyeux. Le ramadan rappelle au musulman le don du Coran qui nourrit sa vie.*
- *L'aumône — L'entraide est de règle à l'intérieur de la communauté musulmane, en particulier durant le Ramadan.*
- *Le pèlerinage — Sauf empêchement, tout musulman doit se rendre une fois dans sa vie à la Mecque. Quant au «Jihad», traduit habituellement par «guerre sainte», il signifie à l'origine tout effort pour le triomphe de l'islam.*

Rapports avec les chrétiens

Dans l'histoire, ces rapports furent le plus souvent mauvais. Pourtant, Juifs, chrétiens et musulmans s'accordent sur la foi en Dieu, la création et, à la fin des temps, la résurrection. Les musulmans ont une vénération pour le prophète Jésus et pour sa mère Marie. Ils reprochent aux chrétiens de croire que Jésus est le Fils de Dieu, Dieu lui-même. Ils ne peuvent croire non plus qu'il nous ait sauvés en donnant sa vie sur la croix.

Les religions d'Extrême-Orient

Juifs, Chrétiens et Musulmans diffèrent à bien des points de vue.
Mais ils sont tous héritiers d'Abraham ; ils croient en Dieu,
l'Unique, le Créateur, Celui qui donne à l'homme
une orientation de vie (une « loi ») pour atteindre le bonheur.
Les perspectives de l'Extrême-Orient sont tout autres et il est bien difficile
d'en dire quelque chose en quelques lignes sans les trahir.
Essayons quand même.

L'hindouisme plonge ses racines dans la nuit des temps. A partir de 1400 avant Jésus-Christ, il s'exprime dans des textes sacrés. Les idées de l'hindouisme sur le divin sont diverses : Dieu est-il unique ou les divinités sont-elles multiples ? Dieu est-il quelqu'un ou reste-t-il anonyme ? S'intéresse-t-il à l'homme ? Pour l'Orient, la question centrale n'est pas là. Elle serait plutôt : comment l'homme peut-il se délivrer du monde matériel et de lui-même pour rejoindre l'Ame de l'univers ? Pour les religions hindoues, cette âme est divine.

Quant au **bouddhisme**, il ne veut rien affirmer sur Dieu : dans cette doctrine, le bonheur parfait consiste à perdre complètement conscience de soi et à n'avoir plus aucun désir. Le mot qui désigne cet état (le « nirvana ») signifie « extinction ». Le bouddhisme est plutôt une méthode de vie qu'une religion, à la différence de l'hindouisme. Mais l'un et l'autre ont en commun d'insister sur la domination du corps, sur l'exploration de la psychologie et le vide à réaliser en soi-même pour ne plus s'attacher à rien : la discipline qui mène à ce résultat s'appelle, dans l'hindouisme, le yoga ; dans le bouddhisme, le zen.

Le bouddhisme est un dérivé de l'**hindouisme**. Il se rattache à un personnage qui vécut en Inde environ 500 ans avant Jésus-Christ. L'homme dénommé « Bouddha » (« l'Éveillé ») garda de l'hindouisme la croyance en la réincarnation : l'homme se libère de lui-même au cours de plusieurs vies successives. Tant que l'homme ne s'est pas libéré de lui-même, il se réincarne en un autre homme ou en un animal, voire dans une bête ignoble s'il a mal agi dans sa vie précédente.

Les Occidentaux d'aujourd'hui, quand on les interroge sur la vie et l'au-delà, disent assez souvent qu'ils croient en la réincarnation. Ils ne savent pas que, pour l'Orient, la réincarnation est un malheur dont il faut essayer de sortir pour rejoindre l'Ame du monde ou le Nirvana. Dans la foi chrétienne, inutile de recommencer plusieurs vies : ce qui a été mauvais dans notre vie terrestre, notre unique vie terrestre, Dieu nous le pardonne pour nous faire entrer dans la joie du Royaume. Les chrétiens n'attendent pas l'extinction mais le banquet.

Quelques repères entre 496 et 1550

496 Clovis, roi des Francs, se convertit, grâce à l'influence de sa femme, Clotilde. Il est baptisé à Reims par l'évêque saint Rémi.

637 Jérusalem tombe aux mains des Arabes musulmans.

800 A Noël, le pape Léon III couronne Charlemagne empereur. Sur toute l'étendue de son Empire, Charlemagne organise et défend l'Église. Il lui permet de vivre en paix. C'est de cette époque que date l'église de Germigny-les-Prés, à l'est d'Orléans.

910 Fondation de l'abbaye de Cluny, près de Mâcon. Les moines vivent sous la règle de saint Benoît. Mille deux cents monastères seront fondés en deux siècles. Cluny est la première force de l'Église avec, et peut-être même avant, le pape.

IXe Une suite de papes réforme l'Église et en particulier le clergé, trop soumis aux pouvoirs politiques et aux mœurs du temps, fort relâchées.

1054 Coupure, « schisme », entre les chrétiens d'Orient et Rome. Les chrétiens d'Orient prennent le nom d'« orthodoxes » (hommes à la foi « droite »).

1095 Le pape Urbain II, à Clermont, appelle les chevaliers à prendre la croix (« se croiser », d'où « croisade ») et à partir pour libérer Jérusalem. Huit croisades seront lancées entre 1095 et 1270.

1098 Fondation du monastère de Citeaux, en Bourgogne. L'ordre de Cluny était devenu très puissant : le nouvel ordre voulut revenir à la pauvreté monastique. Il se diffusa à grande vitesse à travers toute l'Europe grâce à la personnalité de saint Bernard (1090-1153). Cet ordre est connu en France sous le nom de « trappistes », à cause d'un monastère célèbre au XVIIe siècle, en un lieu dit « la Trappe ».

XIIe L'ordre de Cluny répand l'art roman.

1194 Après bien d'autres, détruites par le feu, l'actuelle cathédrale de Chartres sort de terre. Comme beaucoup d'autres cathédrales et églises de France, elle est construite en style gothique.

1210-1215 François d'Assise (Italie) rassemble les premiers frères mineurs (« franciscains »).
L'espagnol Dominique fonde les « frères prêcheurs ». Les frères des deux ordres se multplient rapidement et prêchent l'Évangile dans les villes, alors en pleine croissance. Les franciscains insistent sur la pauvreté ; les dominicains sur la culture. Les dominicains enseignent dans les universités établies par l'Église : le plus célèbre d'entre eux est Thomas d'Aquin (1227 - 1274).

1226 Début du règne de Saint Louis, l'idéal du chevalier chrétien (voir page 76).
Le XIIIe siècle fut brillant mais connut aussi des mouvements un peu analogues aux sectes d'aujourd'hui contre lesquels l'Église lutta par l'Inquisition.

1309-1377 Huit papes français se succèdent sur le siège de Pierre. Ils résident, non pas à Rome, mais en Avignon et sont soumis à l'influence du roi de France.

XIVe A partir de l'Allemagne, se répand un guide pour la vie chrétienne qui aura une fortune considérable : l'*Imitation de Jésus-Christ.*

1378-1417 La situation de l'Église, à sa tête, est pire que jamais. Plusieurs se prétendent papes simultanément. C'est le « grand schisme d'Occident ».

1431 Jeanne d'Arc est brûlée par les Anglais à Rouen. Elle a 19 ans.

1492 Christophe Colomb « découvre » l'Amérique.

1517 Luther affiche ses thèses, critiques à l'égard de l'Église.

1534 Établissement de l'Église d'Angleterre.
Ignace de Loyola, avec quelques compagnons réunis à Montmartre, fonde ce qui deviendra l« Compagnie de Jésus », les « Jésuites ».

1537 Calvin arrive à Genève.

1542 François-Xavier, jésuite, part pour les Indes. Il mourra en face de la Chine en 1552.

1545 Première réunion du concile de Trente qui entreprend la réforme de l'Église catholique.

L'Église depuis un siècle

1897 A 24 ans, au Carmel de Lisieux, meurt sainte Thérèse de l'Enfant-Jésus. Avec Jeanne d'Arc, c'est la sainte française la plus populaire.

1904-1905 Les lois laïques. Les congrégations enseignantes sont interdites. L'État nationalise les biens de l'Église (y compris les églises). Il rompt le concordat de 1801 (loi de séparation) et les relations diplomatiques avec le pape.

1910 Pie X recommande la communion des enfants (voir page 38) et la communion fréquente.

1921 Les relations avec Rome sont rétablies. Progressivement, des solutions sont trouvées pour les questions posées par les lois laïques. C'est le problème scolaire qui reste toujours le plus explosif.

1926 Pie XI consacre à Rome les six premiers évêques chinois.

1931 Par l'encyclique *Quadragesimo Anno*, Pie XI met à jour la doctrine sociale de l'Église exposée, en 1891, par Léon XIII, dans *Rerum Novarum*.

1935 Premier pèlerinage étudiant à Notre-Dame de Chartres.

1937 Pie XI condamne le nazisme et le communisme. 10 000 jocistes sont réunis au Parc des Princes pour le 10e anniversaire du Mouvement en France.

1940 Roger Schutz s'établit en Bourgogne, à Taizé.

1943 « France, pays de mission » des abbés Godin et Daniel.

1950 Pie XII définit le dogme de l'Assomption de la Vierge Marie.

1954 Appel de l'abbé Pierre pour les sans-abris.

1957 Encyclique *Fidei Donum* de Pie XII pour l'envoi de prêtres dans les pays du Tiers-Monde.

1962-1965 Concile oecuménique Vatican II.

1963 Encyclique *Pacem in terris*, de Jean XXIII.

1964 A Jérusalem, Paul VI rencontre le patriarche Athénagoras.

1967 Encyclique *Populorum progressio*, de Paul VI.

1978 Élection de Jean-Paul II, premier pape non italien depuis le XIVe siècle.

1980 Jean-Paul II à Paris.

1981 Le pape est très gravement blessé.

1986 Jean-Paul II invite à Assise les représentants de toutes les religions.

1988 Monseigneur Lefebvre se sépare de Rome.

1994 Théophile I – *Jésus, qui est-il ?*

1995 Encyclique *Evangelium vitae*.
Théophile II – *Chrétien, qui es-tu ?*

Quelques mots utiles pour mieux connaître l'Église catholique

ABBAYE

Parmi les religieux*, certains se consacrent principalement à la prière, sans activités à l'extérieur. Ils forment des communautés vivant dans un ensemble de bâtiments, appelé abbaye. Leur supérieur est l'**'abbé** (dans la langue parlée par Jésus, ce mot veut dire : père). Les plus anciens de ces religieux, en France, sont les **bénédictins**, appliquant la règle de saint Benoît (VIe siècle). Les communautés de femmes sont dirigées par une **abbesse**. Les hommes et les femmes consacrant ainsi toute leur vie à la prière sont les **moines** et les **moniales** : ils recherchent la solitude (c'est le sens de leur nom) pour être tout à Dieu. L'abbaye comporte toujours, entre autres, un **cloître** pour la méditation, et une salle du **chapitre** pour les réunions (voir page 94). Autre mot presque synonyme : **prieuré**.

ACTION CATHOLIQUE

En 1925, en Belgique, un prêtre, l'abbé Cardijn, commença à regrouper des jeunes du milieu ouvrier pour qu'ils soient apôtres, témoins du Christ, auprès de leurs camarades. C'est l'origine de la **Jeunesse Ouvrière Chrétienne (JOC)**. D'autres mouvements, pour les jeunes et pour les adultes, verront le jour successivement. Parmi eux, l'**Action Catholique de l'Enfance (ACE)**. Les **militants** de l'Action Catholique sont invités à prendre des initiatives dans leur milieu de vie et de travail.

AUMÔNERIE

L'aumônerie désigne souvent un local de réunion : « tu vas à l'aumônerie ». Mais en vérité « l'aumônerie » est l'Église présente dans des conditions de vie bien particulières : le collège, le lycée, l'université ; l'hôpital ; l'armée ; la prison etc.

CARDINAUX

Les cardinaux sont des évêques choisis par le pape pour le conseiller et l'aider dans sa charge. Certains travaillent auprès du pape, à Rome. Mais, avec les moyens de communication modernes, ils sont de plus en plus répartis dans le monde entier. Ils sont au total environ 120, ayant moins de 80 ans. A cet âge, ils perdent une de leurs plus grandes responsabilités : élire le pape.

CATHÉDRALE

En France, en entendant « cathédrale », chacun pense à une belle et grande église, ordinairement du XIIIe siècle. En réalité, la cathédrale est l'église centrale du diocèse* : La plus récente des cathédrales de France est celle d'Évry, en Ile-de-France. D'habitude, l'évêque réside à proximité de sa cathédrale. C'est là qu'il célèbre les grandes fêtes, qu'il ordonne les diacres et les prêtres, qu'il convoque les rassemblements diocésains. C'est là qu'il a son siège, sa **cathèdre**.

CONCILE

Les conciles sont des assemblées d'évêques. Aujourd'hui, le terme est pratiquement réservé aux assemblées mondiales, sous l'autorité du pape. Le concile est alors **œcuménique**, universel. Les conciles œcuméniques sont rares : 21 dans toute l'histoire de l'Église. Le dernier en date, Vatican II, s'est déroulé de 1962 à 1965, en quatre sessions d'un trimestre.

CURÉ

Au sens strict, c'est le prêtre qui est responsable d'une paroisse*. « Les curés » : pour désigner l'ensemble des prêtres, cette expression est employée plutôt par ceux qui ne les aiment pas beaucoup...

DENIER DE L'ÉGLISE

Appelé autrefois **denier du culte**. En France, l'Église doit vivre sur les seuls dons de ses membres. Ses charges sont lourdes : prêtres, laïcs travaillant pour elle, bâtiments. En plus de la quête du dimanche, une collecte est organisée une fois par an. Même si certains sont très généreux, beaucoup de catholiques ne donnent rien pour leur Église : ce qui fait une moyenne de 20 francs par an et par personne. Théophile, plus tard, tâche de faire mieux !

DIOCÈSE

La plupart des évêques ont la charge d'annoncer l'Évangile et de faire vivre l'Église pour l'ensemble de la population habitant un lieu donné : cette population et la région où elle habite forment le diocèse. En France, les diocèses coïncident d'ordinaire avec un ou deux départements. Dans les diocèses très peuplés, un autre évêque (ou même davantage) peut aider celui qui a reçu la charge principale.

DOGME

Le dogme est ce que l'Église catholique considère comme certain. Ainsi, ce qui est contenu dans les **Symboles de la foi**, ou **Credo** : les mystères de la **Trinité**, de l'**Incarnation** (Dieu fait homme : Jésus) et de la **Rédemption** (le salut par la mort et la résurrection de Jésus-Christ). Mais aussi la **présence réelle** du Christ dans l'eucharistie ou la gloire de **Marie**, unie à son Fils. La plupart des dogmes ont été définis par des conciles oecuméniques.

ENCYCLIQUE

Quand le pape veut s'adresser à l'ensemble de l'Église, il rédige une lettre encyclique, ou circulaire. Les destinataires sont les évêques et d'habitude aussi les prêtres et les fidèles. Parfois même, quand il s'agit de questions engageant le sort de l'humanité tout entière, quelles que soient les convictions des uns et des autres, le pape envoie sa lettre à « tous les hommes de bonne volonté ». Ainsi Jean-Paul II quand il a proclamé « *l'Évangile de la vie* » (1995).

LAÏC

Les laïcs sont les membres du **peuple** de Dieu. En ce sens-là, tous les **fidèles** – ceux qui vivent dans la «foi» du Christ – sont des laïcs. L'habitude s'est prise cependant de distinguer d'une part les laïcs et les **clercs** (c'est-à-dire ceux qui ont été ordonnés diacres, prêtres et évêques), d'une part ; les laïcs et les religieux* d'autre part. Comment devient-on «laïc» ? Par le baptême et la confirmation. «Laïc» est donc d'abord un mot chrétien. Au contraire, **laïque** se dit de ce qui est en dehors de l'Église ou même contre elle.

LITURGIE

C'est la prière publique de l'Église, en particulier quand elle célèbre un sacrement.

MYSTÈRE

C'est un mot de saint Paul pour désigner le secret de Dieu (I Corinthiens 2,1). Nul ne peut comprendre le Mystère, mais l'Esprit Saint nous y fait entrer. Au pluriel, «les mystères» sont divers aspects de l'unique Mystère, l'Amour de Dieu.

PAPE

C'est l'expression familière pour désigner l'évêque de Rome, le Saint-Père. Le latin des premiers siècles aimait bien les formules pompeuses : Sa Sainteté, le Souverain Pontife etc. Successeur de Pierre, le pape se voit comme le «serviteur des serviteurs» de Dieu, avec la même responsabilité que lui (Matthieu 16, 18-19). Le rôle du pape est d'aider à l'unité, mais tous les chrétiens ne sont pas d'accord sur ce rôle.

PAROISSE

Le territoire d'un diocèse* est réparti en un certain nombre de paroisses. Chacune correspond, soit à plusieurs villages s'ils sont peu peuplés, soit à une agglomération, soit à un quartier dans une ville plus importante. Dans une paroisse, il peut y avoir plusieurs églises. Le curé* est le prêtre chargé de la paroisse par l'évêque. Mais la paroisse est formée de tous les habitants, et spécialement des chrétiens catholiques qui veulent vivre intensément de l'Évangile.

RELIGIEUX

Les religieux et les religieuses sont les hommes et les femmes que le Christ appelle à le suivre dans la pauvreté, le célibat et l'obéissance. Ils s'engagent envers lui par des **vœux**. Les **ordres** ou **congrégations** sont divers : chacun a un objectif et un style particulier (voir pages 94-95). Certaines congrégations sont répandues dans le monde entier ; d'autres, dans une région seulement. Si la communauté est nombreuse, elle vit dans un **couvent** ou une abbaye*.

RENOUVEAU

C'est un nom général pour désigner des mouvements qui insistent sur le rôle de l'Esprit Saint, sur la prière et sur la communauté. Ils sont nés aux États-Unis et sont arrivés en Europe vers 1970. Les plus connus en France sont « l'Emmanuel », « le Chemin Neuf » et « les Béatitudes ».

SCOUTISME

Le mouvement scout est né en Grande-Bretagne au début du XXe siècle. Garçons et filles s'engagent par promesse à observer la loi scoute. En particulier par des camps, ils se forment à l'endurance, à l'initiative, à l'entraide, à la responsabilité. Scouts et guides catholiques sont plus de deux cent mille en France.

SÉMINAIRE

Avant d'être ordonné prêtre, il faut suivre une formation. Elle dure en moyenne six ans. Le lieu où vivent ceux qui la suivent s'appelle un séminaire. Que se passe-t-il dans un séminaire ? A peu près ce qui se passe à l'aumônerie, mais à temps plein. Ceux qui sont là répondent à l'appel de Dieu et se préparent à annoncer l'Évangile, toute leur vie : c'est leur **vocation**.

SYNODE

Congrès, rassemblement. Le pape convoque régulièrement des évêques en synode, soit pour le monde entier (une sorte de concile en réduction), soit pour une partie du monde. Mais le mot « synode » s'applique le plus souvent à des assemblées tenues dans es diocèses*. L'évêque invite des représentants de tout son diocèse à travailler certaines questions et à ouvrir des pistes pour que l'Église soit plus vivante et que l'Évangile soit mieux annoncé à tous.

TRADITION

D'un mot latin signifiant « transmettre ». Depuis vingt siècles, l'Église transmet l'Évangile. Ces vingt siècles forment la « Tradition ». Par exemple, la Tradition tient un grande place dans la liturgie*.

VOCATION

Abraham est le type même de l'homme que Dieu appelle : l'histoire sainte commence par la « vocation » d'Abraham. A toutes les époques, Dieu appelle certains à se consacrer totalement au Royaume : ce sont les vocations de prêtres, de religieux, de religieuses.

QUELQUES INDICATIONS SUR LE VISUEL

Crédit photographique : Ciric – 14 bas, 16 bas gauche, 87 (Trichet), 53, 56, 84, 87 (Pinoges), 53 droite (Lissac), 97 (G.Giuliani/CPP), 95. Dagli-Orti – 66. D.R. 53 gauche, 81, 88. Explorer – 12 gauche, 13 (Getren/Schuster), 16 (Pahaut/EMTO), 27 (D. Dorval), 31 (JB Laffitte) (G. Thouvenin), 48 (D. Goudouneix), 51 (A. Félix), 91 (A. Wolf), 99 (C. Nardin). Gallimard – 13 haut Le Petit Prince/ A. de Saint Exupéry. Gamma – 12 droite, 16, centre gauche, 45, . 62. Giraudon 32, 77. Lauros – Giraudon 24, 43, 52 bas. Alinari – Giraudon – 25, 104, 105. M. Levassort 49, 67. P. Lefebvre 102. Pascale L.R. 14 haut, 16 centre droite, 71, 73, 74, 83, 93 centre droite, 95 gauche, 103, 107, 108. Rapho – 100, 113 (Saler). C. Reynier – 11, 16 haut droite, 19, 59, 65. Roger-Viollet – 41. R. Tournus – 9, 16 bas droite, 30, 35, 36, 52 haut, 57, 93 gauche bas droite, 109. Sygma – 20 (D. Goupy), 69 (B. Bisson), 95 (P. Forestier). Illustrations – 20, 32, 70, 94 (C. Picoux).

Publications destinées à la jeunesse
Loi n°49-956 du 16 juillet 1949

Dépôt légal : juin 2008
ISBN 978-2-283-73128-4

Impression & brochage sepec - France
Numéro d'impression : 13563170503

IMPRIM'VERT®

PEFC 10-31-1470 / Certifié PEFC / Ce produit est issu de forêts gérées durablement et de sources contrôlées. / pefc-france.org